JN087358

the self-compassion workbook for teens:

mindfulness & compassion skills to overcome
self-criticism & embrace who you are

岩壁 茂：監訳
浅田仁子：訳

マインドフルネスと思いやりで、
ありのままの自分を
受け入れる

ティーンのための
セルフ・
コンパッション・
ワークブック

Karen Bluth
カレン・ブルース
：著

Ψ
金剛出版

わたしの人生に登場した若者たち
インディア，マッケンジー，イーサン
エヴァン，デッサ，ヘイリー，マッケンジー，イーサンに

そして，わたしの講座を受けたすべてのティーンにも
わたしの講座を受けなかったすべてのティーンにも本書を捧げます。

あなたたちがいつも，心から安心して，愛されていることを実感し，
ありのままの自分を受け入れられますように。

序　文

　率直に言います。思春期は，一生のうちでも特に厄介な時期で，つらいことも多いものです。この時期には，自分自身の思考をチェックする能力（メタ認知のスキルとして知られているもの）が向上するなど，発達も目醒ましく，そのために，子ども時代にはあまり悩まされることがなかった新たな心配を抱えるようにもなります。わたしって，どういう人？　良い人？　悪い人？　周りはぼくのこと，どう思っているんだろう？　アイデンティティの形成は思春期の中心的課題ですが，そのプロセスは，自分の力不足が気になっている場合には大きなストレスになるかもしれません。また，ティーンは世間での経験が浅いため，自分の考えや気持ちを人にわかってもらえないと強く感じている可能性もあります。つまり，ティーンというのは，たとえ友人たちや家族に囲まれていても，けっこう孤独で寂しいものなのかもしれないということです。

　だからこそ，自分への思いやりは，思春期の若者たちを救います。セルフ・コンパッションとは，要は，苦しいときに自分自身の良い友だちでいるということです。思いやりの気持ちがあれば，不完全なのは人間だからこそだと思い出し，自分に対して優しく接し，つらく当たることはありません。そして，自分が何を体験しているかに気づき，その展開にはまり込むこともありません。

　昨今，何百という調査研究が明らかにしているところによれば，セルフ・コンパッションは大人の生活充足感に強く結びついています。それは，不安やうつ状態，ストレスを軽減し，幸福感や人生に対する満足感を高め，コーピング・スキルを向上させ，人間関係を改善するのに役立ちます。また，一般の懸念に反して，高く評価される目標を目ざそうとする意欲を高めることもわかっています。最善を尽くすのに必要な心構えができ，それによって支えられるようになる一方，失敗するのではないかという恐れやうまくできないのではないかという不安が軽減されるからです。簡単に言えば，自分自身に優しくして，自らの支えになることは，特に厄介な感情に直面した場合，逆境を切り抜け，最大の力を発揮するのに役立つということです。

　本書の著者カレン・ブルースは，世界をリードする研究者として，セルフ・コンパッションが思春期の若者に与える影響を調べています。彼女の研究も，ほかの研究者たちのそれと同様，セルフ・コンパッションにあふれているティーンほど良い結果を出していること

を証明しています。そういうティーンは，自分に厳しいティーンに比べて，不安やストレスや憂うつな気分が少なく，人生に対する満足度が高くなっています。さらに，セルフ・コンパッションは指導可能なスキルであり，あらゆる年齢の人々がより幸せで，より満足できる人生を送るのに役立っていることも，そうした研究からわかっています。そこで，ブルース博士は同僚のロレーヌ・ホッブズと共に，ティーンにセルフ・コンパッションのスキルを教える8週間のプログラムを設計・開発し，それを「メイキング・フレンズ・ウィズ・ユアセルフ Making Friends with Yourself（自分と友だちになろう）」と名づけました。本プログラムは，わたしとわたしの同僚クリス・ガーマーが大人向けに作ったセルフ・コンパッションのプログラム――「マインドフル・セルフ・コンパッション Mindful Self-Compassion」――を改作したものです。

　本ワークブックには，さまざまな種類のすばらしい実習やエクササイズが含まれています。その多くは，「メイキング・フレンズ・ウィズ・ユアセルフ」から引いたものであり，そういうワークブックですから，本書は，セルフ・コンパッションへのドアを開く鍵として，その育成プロセスをシンプルなものにしてくれています。ティーンの皆さんは，楽しみや有意義な作業がふんだんに盛り込まれた本書に助けられ，思春期の荒海を航海しながら，どのようにしたら自分自身をもっと支えられる友だちになれるのか，どのようにしたら自分自身にもっと優しくできる友だちになれるのかを習得することができます。人生が難問であることに変わりはないでしょうが，セルフ・コンパッションのスキルがあれば，勇気と強さと優しさを携えて，その難問にも取り組めるようになります。ああ，わたしがティーンだったころに，本書があったら良かったのに，と心から思います。

クリスティン・ネフ博士
テキサス大学オースティン校准教授
Self-Compassion: The Proven Power of Being Kind to Yourself
『セルフ・コンパッション［新訳版］
―有効性が実証された自分に優しくする力』（金剛出版）の著者

はじめに

　ティーンというのは，けっこうきついのかもしれません。たぶん，あなたはもうそれに気づいていることでしょう。自分はのけ者のようだと痛感していると，ほどなく友だちからメッセージが届いて，さっきの疎外感は跡形もなく消える，なんてことがよくありそうです。はっきりした理由もなく泣くこともあるでしょう。自分は独りぼっちだ，こんなふうに思っているのはこの地上で自分だけだ，**誰ひとり**わかってくれない，と思うこともあるでしょう。それが，また友だちグループと一緒になると，あのぞっとするような感情はすっかり忘れてしまいます。でも，やがてみんなと別れると，またさっきの繰り返しです。寂しさや悲しさ，どうしたって自分はみんなより劣っている，力不足だという気持ちが押し寄せてきます。

　聞いたことのある話でしょう？　そう，あなただけではないのです。

　こんなふうに感じるのは，ティーンであればこそです。ティーンなら誰もが，いつかどこかでこうした感情を，たぶんあなたが思っている以上にたくさん体験しています。ただ，わたしたち人間は——ティーンも大人も——自分の感情を隠して体面を保つのがかなり上手なため，ほかの人は皆，順調に航海を続けているように見え，自分だけが不安で不充分だと感じるのです。それだけのことです。

　でも，本当に，そこいら辺で普通に見かける若者たちがそうなのでしょうか？　いっぱい友だちがいて，成績優秀で，スポーツで表彰され，なんの努力もしないでそういったことを全部やってのけるように見える若者たちがそうなのでしょうか？　ええ，そうです。そういう若者だって，時にはひどく不安になります。

　自分はみんなより劣っているという気持ちは思春期には付きものです。でも，そのことで苦しむ必要はありません。そう言いたくて，わたしはここにいるのです。これから本書で説明していきますが，あなたにできることはたくさんあります。だから，惨めな気持ちで何年も辛抱しつづける必要はありません。そんなふうにして生きていくのは，面白いはずありませんから。

　これから本書で説明することによって，必ずしも，あなたの友人たちがあなたのことをもっと好きになるとは限りません。希望する大学に受かるわけでも，先生が宿題を減らしてくれるわけでも（そうできたらいいなとは思いますが），夢見るお相手とデートができ

るようになるわけでもありません。でも，あなたがあなた自身をもっと好きになるのには役立ちます。自分自身につらく当たったり自分自身を批判したりするのを減らし，自分に対してもっと優しくできるようにもなります。人生のさまざまな厄介事——たとえば，ティーンなら誰もがなんらかの形で直面するストレスの要因，誰もがなんとかしたいと思っている不完全で無価値で不足しているという気持ち——に，これまでよりずっと楽に対処できるようにもなります。そして，自分自身に優しくすることは，目標達成にも役立ちます（だから，実際のところ，最終的には第一志望の大学に受かるかもしれません）。

　わたしには，今あなたが思っていることがわかります。——でも，ぼくにはそんな価値はない。ついばかなことを言ってしまう日もあれば，くだらないことをしてしまう日もある。それに，実際，ぼくはみんなみたいに頭が良くないし，全然魅力的でもない。人気もない。だいたい，デブだし——といったところでしょう。さらに，みんなには自分よりはるかに多くの利点があるとも思っているはずです。また，「もし自分に優しくしたら，だらしなく怠けて勉強をサボるから，散々な成績を取って，大学になんて入れっこない」とか，「結局，ちゃんとした仕事にも就けなくて，しまいには，ゴミ箱を漁るホームレスになるんだ」などとも思っているでしょう。

　どうしてわたしには，あなたが思っていることがわかるのでしょう？　それは，たいていのティーンが感じることだからです。全員ではないにしても，たいていのティーンはやたらに厳しく自分を品定めします。それは，ティーンであればこその特徴です。本書は，なぜそうなのか，そして，もっと重要なことですが，それにどう対処できるのかを説明しています。

　自己批判や自己嫌悪，あるいはもっとひどい状態などに，もがき苦しむ必要はありません。本書は，自分への思いやり（セルフ・コンパッション）について手ほどきし，特に，落ち込んでいるとき，もっと自分に優しくするにはどうしたらいいのか，今のありのままの自分を好きになり，そういう自分を愛するまでになるにはどうしたらいいのかをお教えします。セルフ・コンパッションとは，特につらい思いをしているとき，親しい友人にするのと同じように，自分自身を優しくケアする思いやりのことです。本書では，まず，これを実践しはじめるのに役立つ特別なセルフ・コンパッションのエクササイズと瞑想を学びます。そのあと，このツールを日常生活の一部として，いつでも使えるようになる方法を学びます。もちろん，楽しんでもいただきます。アート作業や音楽を使う瞑想，創造的なプロジェクトも，それぞれ複数用意しています。

　わたしからの提案ですが，少し時間をかけて本書に取り組むことをお勧めします。学校での多くの学習とは異なり，これについては，ゆっくり学ぶことが大切です。しっかり時間をかけましょう。まず読み，内容を消化したら，エクササイズをひとつかふたつ，実践します。そのあと，少し時間をかけて，学び取ったことについてじっくり考えるといいでしょう。どの作業を行なうかは自由に選ぶことができます。したがって，特に役立ちそうだと思うものをして，その他のエクササイズはパスすることになるかもしれません。でも，

わたしが思うに，あなたはきっと，ほとんどのエクササイズが，自分に対する優しさや思いやりの増幅と，しつこくてうるさい——しょっちゅう肩先に立って耳元でささやきつづける——「内なる批評家」からの解放に役立つことに気づくでしょう。

　前もって言っておきたいことがひとつあります。本書では，男子を話題にしている場合もあれば，女子を話題にしている場合もあります。これは，すべての人を——性別を問題にしている男性も女性もティーンも——取り上げたいと考えてのことです。本書のツールは誰の使用にも適したものなので，人称は自分に合わせて自由に変えてください。

　本書に収めたエクササイズの多くは，わたしが創設を手伝い，指導もしている「メイキング・フレンズ・ウィズ・ユアセルフ（自分と友だちになろう）」という名のマインドフルなセルフ・コンパッションの講座から取ったものです。また，本書のそこここで引用しているティーンの言葉は，実際にわたしの講座を受けたティーンが発言したものです。以下の最初の引用は，あるティーンが講座終了時に言った言葉です。

> ### ティーンの言葉
>
> おかげで不安が減り，前よりも自分らしい自分でいられるようになりました。学校でみんなに心を開いていられるって言ったらいいのかなぁ……なんかそんな感じになりました。

　このティーンがした体験は，あなたのためにも用意されています。自分につらく当たってしまう在り方に対処しようとしているのは，あなただけではないことを忘れないでください。わたしたちは皆，このとんでもない世界で共に暮らしています。本書に取り組む際には，ぜひとも心を開きましょう。そこにあるものをよく見るのです。それをやってみるのです。いずれの作業も実験だと考え，それをいくらかでも楽しめるかどうか，見てみましょう。試しにやってみて，自分に効果があるかどうか，確かめてください。それを自分のものにしましょう。ここでは，誓いを立てるというようなことはしません。ひたすら可能性を探ります。これまでとは違う見方で自分自身を見られるかどうか，自分自身の親友になれるかどうか，その可能性を探るのです。

目　次

第Ⅰ部

ティーンが苦しむ本当の理由と，手助けとしてできること

第 1 章

変化が止まらない

　ある朝，目が醒め，ベッドから転がり出て鏡を覗くと，自分がいつもと違って見えることにあなたは気づきます。それが具体的に何なのか，自分でもわかりませんが，たぶん顔の形か手の大きさがどうこうということなのでしょう。でも，それだけではありません。気分もいつもと違っています。すぐに取り乱しそうで，わけもなく泣けてくるかと思うと，次の瞬間には，とても幸せな気持ちになったりします。いったい何が起きているのでしょう？　以前は，物事をありのままに受け止めるだけで，何にでもやたらイライラするというようなことはありませんでした。でも今は，しょっちゅう気持ちが揺さぶられます。自分の中に，自分を批判しつづけ，行動をいちいち裁く一部分があります。内なる声も聞こえてきて，それはずっと，**おまえはまだまだ力不足だ**なとか，**どうでもいいけど，自分のこと，何様だと思ってるのさ？　必要なものすら手に入れてないじゃないか！**　などと言いつづけています。そして，こうした変化は，たった一晩で起きてしまったようなのです。

　さて，身支度です。でも，何を着たらいいんでしょう？　学校のロッカーあたりにたむろしているイケてる連中，最近どんな格好してたっけ？　あなたはまた鏡を覗きます。い
や，これじゃダメだ。ネクタイ，曲がってるし。あなたは着替えます。ああ，もう，遅刻しそう……朝食摂ってる暇はない。迎えのバスの車がクラクションを鳴らしています。あなたは家を飛び出しました。一限目は自然科学だ。参ったなあ。実際，誰が一限目から虫の解剖なんかできるんだよ。それも，腹ペコなときに！　そんなわけで，あなたはおおかた，天井を見つめるか，かわいい実験室仲間とおしゃべりをして授業をやり過ごすかします。すると，成績は下がっていきます。そして，あなたは担任教師や両親の「こんな成績のままじゃ，ろくな大学に入れないぞ！」という

言葉を聞きつづけることになります。ああ，もうっ！　すごいプレッシャーです。内なる小さな声が，ばかばかしい，自分にはそんなこと無理だって，わかってるだろ。おまえはそんなに頭良くないんだから，とささやくのが聞こえます。あなたは，自分がどうしようもない負け犬のような気がしてきます。そして，放課後にはバスケットの練習で自分の足につまずき，ここでもまた負け犬の気分になります（どういうドジだよ！　と自分に毒づきます）。さらに，ピアノのお稽古でも，やっておかなくてはと思っていたほどには練習していなかったせいでうまく弾けず，自分のダメさ加減が身に沁みます（あ〜あ，今週はもっと練習しておかなくちゃって思っていたのにな，マジで……。3週間ずっと同じ音階の練習だなんて，恥ずかしいったらない！）。そして，やっと家に帰り着きますが，すでに疲労困憊です。自分は出来損ないなんだと思いながら，これから何時間もかけて宿題をしなくてはなりません。もうベッドに潜り込みたい！　でなきゃ，小学校に戻りたい！あのころは，学校も人生も，そよ風みたいに楽ちんだったなあ。

　さて，これからどうなるのでしょう？

変化はあなたの周りのいたるところで起こっている

　まず第一に，あなたを取り巻く**外界**では，無数の変化が起きつづけています。あなたはたぶん，中学か高校に入ったばかりかもしれません。となると，それ自体が大事（おおごと）です。知っている人があまりいない学校で新生活を始めるのは，とてつもなくきついことです。そして，ひょっとしたら，友人たちとの関係も変わりつつあり，よちよち歩きのころからの幼なじみには，以前ほど関心がもてなくなっているような気がしているかもしれません。それに，「友人」のことが出たついでに言えば，家族より友人たちと過ごす時間のほうがずっと多くなっていて，「関心がもてない」という点では，家族は退屈でしかたがないように思えるでしょう。しかも，両親は，あなたのことを少しもわかっていないようです。そういう親は，かなり過保護です（もしこれが自分に当てはまると思ったら，映画『クルードさんちのはじめての冒険』を見てみるといいでしょう。原始時代の主人公一家のひとりイープは，家族，それもとりわけ父親にうんざりしているティーンです。父親は娘を安全に「保護」しつづけるために，家族の住む洞窟の外に娘を出そうとしません。洞窟の外に出て，この世界を探検したいというイープの願いに，あなたは共感を覚えるかもしれませんが，その願いゆえに父と娘は衝突します）。

　さらに，勉強の量という問題があります。数年前に比べると，宿題の量とプレッシャーは格段に多くなっています。それに，志望大学決定という重大事が間近に控えていて，このことを考えると恐ろしくてどうにかなりそうです。その上，バイトも始めたばかりかもしれません。自分自身のお金をいくらかでももつのは楽しいものですが，近頃はバイト以外のことをする時間がほとんどなくて，楽しむどころではなさそうです。

この2年間に，あなたを取り巻く外界では，ほかにどのような変化が起きていますか？

_____

_____

_____

その中に，以前にはなかった形で自己批判を感じる変化がありますか？

_____

_____

_____

_____

　正直に言います。これらの変化すべてに対処するのは，相当たいへんなことです。ですから，自分につらく当たるのはやめましょう。家族と衝突したら不愉快なのはわかりますし，そういうことがあると，最後はきっと自己批判をしてしまうと思いますが，これはすなわち，あなたが成長しつづけているということであり，精一杯努力しているということなのです。それに，あなたが願っているのは「うまくやっていく」ことだと，自分でもわかっているでしょう？　それは悪いことではありません。あなたが弱いということでも，誰かに追従しているということでもありません。わたしたちは誰しも生き残るために他者を必要としています。集団に「属し」て，その一員だと実感したいと思うのは，人間の基本的な本能です。では，学校にいくつもできる排他的な例のグループ派閥はどうなのでしょう？　ああしたものができるのは，誰もが「所属している」気になりたいからです。ひとつのグループから拒絶されたからという理由で，これまで自己批判をしたり，気分を害したりしたことがあったとしても，心配は要りません。そういうことはざらにあります。わたしたちの——全員にとは言いませんが——多くに起きていることです。学校のみならず放課後の活動でも発生するそうしたプレッシャーや生活上のストレスは，それで自分の力不足を思い知らされるとしても，ごく普通のことなのです。本書では，こういったことが起きたときに自分自身に優しくする方法——セルフ・コンパッションをもつ方法——をい

くつか学んでいきます。

　このようなときに自分に優しくする方法のひとつは，心を鎮めて少しでもリラックスさせてくれることを何かすることです。たとえば，ペースを落として気持ちを鎮めるのに役立つアート作業をするといいでしょう。そういう作業をすると，自分が今どう感じているのかにしっかり気づくことができます。これは，わたしたちが**マインドフルネス**と呼んでいる状態のひとつです。ペースダウンとこうした形での気づきは，自分に対する優しさを育む第一歩です。この作業には，ペンか鉛筆を用意しましょう。

やってみよう　マインドフル・アート——外周部分にパターンを描く

　始める前に，必ず楽な姿勢で座っていることを確認してください。体の力を抜いてリラックスできるよう，2回ほど呼吸をします。1〜2分したら，音に耳を傾けることで，自分の周りにあるものに注意を払いましょう。近くの音，遠くの音に注意してください。たっぷり2分ほど，そのようにして耳を澄ましつづけます。

　絵を描きはじめる用意が整ったら，普段よりも少しゆっくり，鉛筆かペンを手に取ります。それを手にしている感覚に気づきましょう。その温度や感触によく注意してください。自分がどのようにしてそれを握っているかに注意を払います。

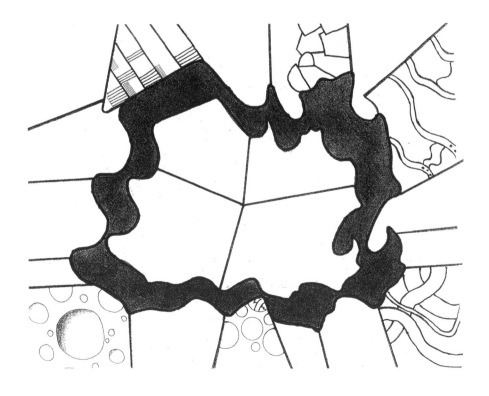

　次に，前ページの絵を描くことに注意を向けます。このマインドフルな絵は，外周部分と中央部分のふたつに分かれています。まずは，外周部分に取り組みます。中央部分には，のちほど取り組みます。

　描きかけになっているパターンをチェックしましょう。まずここから，マインドフルな状態で描いていきます。

　外周のいくつかのセクションには，すでに少しパターンが描いてあります。それらをまず完成させてください。手引きとして，以下のパターン・サンプルを参照しましょう。描きかけになっていたパターンを完成させたら，外周のほかのセクションを，新たに自分でパターンを創って描いていきます。今は，外周部分にしか取り組まないことを忘れないでください。たっぷり時間をかけて作業をしましょう。ここでは，芸術作品を創作するわけではありません。さまざまなラインに気づき，手にもったペンまたは鉛筆を感じ取り，紙の感触に気づくことが大切です。紙の上を走るペンまたは鉛筆の音もしっかり聞きます。ゆっくり進んでください。よく注意を払ってラインを描いていきます。少なくとも 20 分はかけてください。もっとかかるかもしれません。

こういうやり方で絵を描くのは，どんな感じでしたか？
（当てはまるものを丸で囲みましょう）

　　好きだった。
　　気持ちが落ち着いた。
　　やり終えられるか心配だった。
　　塗り絵を思い出した。
　　内側は，どうなるんだろう？
　　もっとできるのかな？
　　出来栄えは心配するなと言ってくれたけど，やっぱり気になった。
　　マインドフルな塗り絵の本をこれから買いに行くつもり。

　この作業をしたあとには，少し心が鎮まった，少し集中が高まった，少しリラックスできたといったことに気づいたかもしれません。そうなったのは，体の感覚——ペンまたは鉛筆をもつ感じや紙の感触——に集中していたからです。心が体の感覚に集中しているとき，あなたは今この瞬間にいて，未来や過去のことで思い悩んではいません。マインドフルネスの実践は，今この瞬間に集中する訓練になります。

内面の変化

　あなたの**外側**の世界で何が起きるのかはすでに見てきましたが，あなたの体の**内側**では何が起きているのでしょう？
　あなたは思春期とホルモンについて，きっと聞いたことがあるはずです。体が変化して，「生殖」（うわっ！）の準備を整えていくといった話を聞いていますね。でも，この話はそれだけでは終わりません。
　脳も変化していくのです。知っていましたか？　よちよち歩きのころを除いたら，脳はこの時期に，一生でもっとも大きく変化します。体のほかの部分と同じように，脳も大人として生きていけるように準備を整えていきます。
　この展開で何よりも魅惑的なのは，脳のふたつの部分が同時に発達していくということです。ひとつは**大脳辺縁系**と呼ばれるもので，感情が動いたとき——怯えたり怒ったりしたときなど——に活性化する部分です。この辺縁系は，11〜12歳のころに変化しはじめるため，ちょうどそのころ，自分が以前より簡単に泣いたり，落ち着いていたのが一転，激怒したりするようになったことに気づくのでしょう。また，自己批判をしたり抑うつ状態になったりする傾向も高まります。それに加えて，このように脳が変化することで，危険を冒したり，未体験のことやまさかするとは思いもしなかったことを試したりすること

に関心をもつようにもなります。なぜだかわかりますか？　こうした脳の変化のせいで，物事に対して心からわくわくすることに対する感度が鈍り，もっと子どもだったころに味わったのと同じレベルのわくわく感に達するには，要求水準を高めなくてはならなくなるからです。ね，不思議でしょう？

　脳にはもうひとつ，同様に変化する部分があります。前頭前皮質と呼ばれている部分です（そう，科学の用語ってどれもおしゃれ……）。ここは，計画，決断，状況の是非判断，衝動の抑制など，「高次の思考」を担当しています。25 歳くらいまで，この前頭前皮質は剪定（せんてい）されつづけます。つまり，使用されていないパーツ（ニューロンとも呼ばれるもの）はすべてはじかれ，取り除かれるのです。使用頻度の高いパーツは強化され，信号も，より速く到達する必要のある部位へ送ることができるようになります。

　ここで，とんでもない事実をお話しします。大脳辺縁系と前頭前皮質は双方共，ほぼ同じ時期に変化しはじめますが，辺縁系——感情を担当する部位——のほうがはるかに速く変化し，15 〜 16 歳までには，ほぼ変わり切ってしまいます。前頭前皮質——注意深く論理的にじっくり思考し入念な決断を助ける部位——が発達し終えるのはもっとずっと先の，だいたい 20 代の半ばころです。したがって科学者たちは，このことが原因で，ティーンは時に，必ずしも先のこと考えずに危険なことをするだけでなく，感情の起伏がああも

前頭前皮質

大脳辺縁系

激しい（刺激的なことを体験しているときには激しく高揚し，さほど刺激的でないことや苦痛なことを体験しているときはひどく落ち込む）のだろうと考えています。また，ティーンが時に，ひどい落ち込み（やたら自己批判をしたりひどく不安定になったりする状態）は実はいつまでも続かないことをなかなか理解できないのも，それで説明がつくかもしれません。全部，頭の中で進行していることが原因なのです。

　（ティーンの大脳内で継続しているあらゆる変化や，こうした変化のおかげで，最終的に大人の世界の難題を引き受ける準備が整う過程についてもっと知りたい場合は，ダン・シーゲル博士の *"Brainstorm: The Power and Purpose of the Teenage Brain"* を調べましょう。この本はティーンと大人向けに書かれたものなので，両親と共有することもできます）

　さて，脳内で起きているこうした変化については――少し不安になる内容だったかもしれませんが――今お話ししましたから，今度は，そのことは考えずに少しリラックスして，またマインドフル・アートに戻ります。本章の前半で始めたマインドフルなパターンを続けましょう。

やってみよう　マインドフル・アート――中央部分にパターンを描く

　もう一度，少しの間静かにして，室内に注意を向けましょう。体の中で感じている身体的な感覚があるかもしれません。それに気づいてください。たぶん，今座っている椅子，長椅子，床に体が触れている感覚に気づくでしょう。たっぷり1分か2分かけ，今，体内に発生しているどんな感覚にも，しっかり注目します。

　始める用意ができたら，鉛筆かペンをゆっくり手に取りましょう。そのペンまたは鉛筆の感じや温度，感触に気づいてください。それを握っている手がどう感じているかに注意します。

　時間をかけて，自分の注意を18ページの絵に移していきましょう。

　今度は，その絵の中央部分に取り組みます。外周で使ったパターンをまた使ってもかまいませんし，中央部分用に自分でパターンを創ってもかまいません。やり終わったあと，描いたパターンにマーカーか色鉛筆で色を着けたいと思ったら，どうぞそうしてください。

　この作業は，すばらしい芸術作品や自分の壁に掛けたいと思うような作品を創るためのものではないことを，よく憶えておいてください。何が起きているのかを，それが起きている瞬間に気づき，体内で何を感じているかを，それを感じている瞬間に気づくためのものです。

　絵にはたっぷり時間をかけ，最短でも20分は使うつもりでやりましょう。これは，絵を完成させるためではなく，感覚に気づくための作業です。

今どのように感じていますか？　（当てはまるものを丸で囲みましょう）

リラックスしている。
すばらしい。
作業前と同じ。
正直，なんか，すごかった。
自分がアートを好きだなんて，今まで思ったことはなかったけれど，これは悪くなかった。
自分には合わない。
あとで着けた色が気に入っている。
鉛筆をもっと尖らせておく必要がある。

　さて，二度目のマインドフル・アートのエクササイズを終えましたが，少し気分が良くなったのではないでしょうか？　そうなんです，マインドフルになることによって，自分で自分のケアができるようになり，自分に優しくできるようになるのです。日々のあらゆるイライラから離れる時間を取り，ただ座って，ひたすら描きましょう。あるいは，色を着けましょう。それが，セルフ・コンパッションという行動です。

どう思いましたか？

　本章を読み終えたあとの思いを，下の余白に文字や絵で記録しておきましょう。
　ヒント

- 自分を取り巻く外界——学校，家族や友人たちとの人間関係——の中で気づいた変化。
- 自分の内的世界——心と体——の中で気づいた変化。
- 自分自身についての感じ方や，この 2 年ほどの間にそれがどのように変化してきたかについて，気づいた変化。

ま と め

　10 代の時期には，あまりに多くの変化が外界──学校，友人たちや家族との人間関係──と体内双方とで起きつづけるため，それに圧倒されるように感じることがあるかもしれません。ティーンがしばしば，自分は「みんなより劣っている」とか「力不足だ」などといった気持ちになるのは，こうした変化すべてに順応するのが難しいからです。順応には時間がかかります。ですから，不安定になっているとか，自己批判的になっていると感じたとしても，あなただけがそうなのではないということを知ってください。それはティーンならでは状態であり，こうした変化すべてに順応しようとするときには避けられない状態なのです。自分につらく当たるのを減らし，ありのままの自分を受け入れるにはどうしたらいいのか──本書は，その方法を身に付けるツールを提供しています。このまま読み進めて，それらのツールを手に入れ，セルフ・コンパッションがどう役立つのかを見ていきましょう。

第2章

セルフ・コンパッションとは？

これはけっこう重要な質問ですよ。あなたはすでに前章で，多少のヒントは得ています。そこで，わたしが今あっさり答えるのではなく，あなたが自分で，セルフ・コンパッションとは何かを——そしてセルフ・コンパッションがあなたのためにできることは何かを——エクササイズを通して見つけられるようにしようと思います。

やってみよう セルフ・コンパッションを見つける

「さっきね，すごく嫌なことがあったんだ」と友だちから打ち明けられたときのことを思い出してください。たとえば，テストで失敗した，サッカーで大事なゴールを外した，好きな相手が別の人をデートに誘ったというようなことです。とにかく友だちは落ち込んでいて，自分にはなんの価値もないというような気持ちになっています。その出来事の内容を以下に書きましょう。

_____

_____

_____

次に，あなたがその友だちにかけた言葉を思い出してください。それから，その言葉をどう伝えたか，つまり，どんな声の調子で伝えたかも思い出します。それを以下に書きましょう。

_____

_____

_____

　今度は，**あなたが**ひどく嫌な思いをしたときのことについて考えましょう。その出来事のせいで，自分は図体ばかりでかくて頭は空っぽだとか，自分には居場所がない，自分は役立たずだ，とにかく穴にでも這いずり込んでずっとそこから出たくないなどと，**自分が**感じたときのことを考えるのです。たとえば，テストで失敗した，サッカーで大事なゴールを外した，好きな相手が別の人をデートに誘ったというようなことです。

　少し時間を取って，これについて考えましょう。

　はい，では，その出来事について，以下に書いてください。

_____

_____

_____

　その出来事を振り返ります。そのときあなたは，自分自身になんと言いましたか？　自分にかけた言葉を書き出し，そのとき使った声の調子も説明してください。

_____

_____

_____

何がわかりましたか？　あなたは友だちに対応するのと同じやり方で，自分自身にも対応していましたか？　（いずれかを丸で囲みましょう）

　　　　はい　　　　　　いいえ

　わたしの推測では，答えは「いいえ」ですね！　当たったでしょう？　どうしてわたしにわかったのでしょうか。それは，人の78％は自分自身よりも他者に優しいという純然たる事実があるからです。ですから，もし「いいえ」を丸で囲んだとしたら，それはあなたが自分自身よりも友人に優しかったからです。

　でも，心配は要りません！
　あなただけじゃありませんから！

　それどころか，たいていの人があなたと同じです。知人には親切なのに，自分のことは厳しく裁いて批判するのです。「どうして？」と思っていますね。でも，理由はよくわかっていません。そういう育てられ方をしたというか，それが文化の一部だということなのかもしれません。わたしたちは小さいころから，人に親切にすることが大切で，自分に親切にするのは「わがままだ」「自己中心的だ」などと言われて育ちます。それに加えて，けんめいに努力しないと——人より良い結果は出せなくても，少なくとも人と同程度にはならないと——人生での成功や幸福は望めないとも言われつづけます。それで，しばしば，自己批判的になるのです。

　きっとあなたは，もし自分自身にいい顔をしたら，結局一日中ただゴロゴロして，ネットフリックスのテレビ・シリーズや動物の赤ちゃんを撮ったユーチューブを見つづけるだけだと思っていることでしょう。違いますか？　宿題なんて絶対するはずないし，だから成績が上がるわけがなく，よって良い大学には入れっこなく，ろくでもないごくつぶしになるのがオチだとか，思っていますよね？　いずれはテレビの前に座りっきりの重症のカウチポテトになるわけさ，なんてね。

　やれやれ！　でも，それは間違いです。さまざまな研究から，自分に優しくする人たちのほうが，実際，物事をやり遂げようとする意欲は**高まる**傾向にあることがわかっています。先延ばしにする傾向は減り，新しいことをやってみようとする傾向が高まるそうです。なぜだか，わかりますか？　そういう人たちは，失敗を恐れたり，疑いに屈したりすることなく，全力を尽くすからです。たとえその目標を達成しなくても，自分自身を責めることはないと自分でわかっているからです。あっさりとそれを手放すか，努力を続け，その結果として，全体的には，より幸せになるのです。

　ずっと教えられてきたことと違うのはわかっています。でも，わたしから離れないでください。心を開くと約束しましたよね？

　わたしたちは人に親切にできるだけでなく，自分にも親切にできます。同時にだって，そうできます。それはすべて，セルフ・コンパッションとは何かということに行き着きます。

セルフ・コンパッションの定義

　つらい目に遭っているとき，親友を遇するように自分を遇すること，まさにこれです。友だちにはいつもとても優しくしていますから，どうしたら優しくできるかは，よくわかっていますよね。その優しさを自分自身に向けさえすればいいのです。すぐできそうでしょう？

　実際，難しいことではありません。でも，少し練習が必要です。理由はただひとつ，そうすることに慣れていないからです。ですから，最初，本書のエクササイズが面倒に思えたり，変に感じられたりしたとしても，心配は要りません。今までしたことがないために，

そう感じるだけだということをしっかり憶えておきましょう。新しいことを試すときは，いつだって少しは変な感じがするものですよね？

セルフ・コンパッションの3要素

　セルフ・コンパッションには実際，3つの要素があります。これら3つについて知っておくと，とても役立ちます。というのも，これらの要素はすべて，エクササイズの中で個々に同時に用いられ，わたしたちが自分自身により優しくして，やたらに自分を裁かないようにするのを助けるからです。

　自己への優しさ——自分自身に対して親切にすること——とは，つらい目に遭っているときや自己批判的になっているとき，自分自身に対して優しい言葉をかける——友だちにかけるような言葉をかける——ということです。たとえば，**あなたが今どんな気持ちでいるか，よくわかるよ**と言ったり，**気持ちが動転してるんだね**とまで言ったりすることもあるでしょう。また，これは自分自身に対して親切なことをする——良い映画を見る，おもしろい本を読む，など——ということでもあります。

　マインドフルネスとは，好奇心をもって今この瞬間に自分が体験していることに注意を払う，ということです。このとき，裁くことはいっさいしません。自分自身を裁いたり批判したりする状況下で，このように自分の体験に注目すると，自分のマイナスの感情を受け入れられるようになり，そうしたマイナス感情——裁きや自己批判——は単にそうした感情であって，それらはいずれ消えていくのだとわかるようになります。

　共通の人間性とは，ティーンなら誰もが経験することを，今自分も経験しているのだと理解することです。なかなか信じてはもらえないのは百も承知ですが，これは真実だと断言します。ほかのティーンたちがそっくり同じ体験をすることはないかもしれませんが，どんなティーンも——そして大人も——時に動揺し，腹を立て，傷つき，悲しみ，イライラし，孤独を感じ，絶望します。その上，これらの感情を全部いっときに味わうこともあります。これは人間なら仕方のないことです。誰にもこうした感情の浮き沈みはあります。ティーンなら，なおさらです。ひょっとしたらあなたは，最高にすてきな気持ちから，あっという間に最悪の気持ちに変わることもあると気づいているかもしれません。これはこの時期にあなたの体内で起きているあらゆる変化（前章でお話ししましたね）と外界のプレッシャーに関係しています。ここでいう外界のプレッシャーとは，たとえば，成績，学校，スポーツ，適応など，あなたが自分は人より劣ると感じたり，自分にはやり遂げるだけの力がないと感じたりしていることすべてを指しています。

　ですから，くよくよ悩まないようにしましょう。ほかの誰もがそうだったように，あなたもいずれそれを通り抜けます。あなただけがそういう体験をしているのではないということ，悲しくなったり，傷ついたり，落ち込んだり，腹が立ったりしても，それはあなた

が何か悪いことをしたという意味ではないことを忘れないでください。それは，あなたが人間だということに過ぎません。ですから，セルフ・コンパッションが役立つのです。

　このあと紹介するエクササイズは，自己批判，マインドフルネス，共通の人間性，自己への優しさがどういうものであるかを**実感**するのに役立ちます。

やってみよう　手を使う動作

　立ってください。自分の前で両手を組み，力いっぱい握り締めます。力の限り握って，ゆっくり──30 まで数えます。それがどんな感じかについて考えましょう。痛いですよね？　不快ですよね？　もうおしまいにしてと思いますよね？　これが自己批判の感じです。締めつけられ，痛みがあり，不快でたまりません。楽しくありません！

　次に，握っている両手を開き，手のひらを上向きにします。これはどんな感じがしますか？ほっとしますよね？　心を開いた感じで，リラックスできますよね？　これがマインドフルネスの感じです。今ここにあるすべてを感じて，それを受け入れるということです。

　つづいて，両腕を前に伸ばし，手を開いたままにします。これはどんな感じですか？

　何かを求めて手を伸ばしている感じでしょうか？　誰かに触れようとする感じですか？　誰かをハグしようとする感じですか？　それとも，これから誰かにハグしてもらう感じかもしれませんね？

　これが，共通の人間性の感じです。手を伸ばして他者とつながる，仲間に入る，グループの一員になるという感じです。

　では，伸ばした手を縮めて心臓の上あたりに置きましょう。そこにただ置いたままにします。そうしているとどんな感じがするかに気づいてください。胸に感じるわずかな重みや温かみに注意を向けましょう。どんな感じですか？

_____

_____

_____

_____

_____

　たぶん温かく感じるのではないでしょうか？　安心する感じはありますか？　守られている，大切にされている，愛されているという感じはどうですか？　これが自己への優しさ，つまり，セルフ・コンパッションです。なんだかいい感じですよね？

　というわけで，心臓の上あたりに手を置くだけで，それがセルフ・コンパッションの行動になります。きっとあなたには，ほかにも自分に優しくする方法がすでにあると思います。疲れた，がっかりした，傷ついたと感じたとき，あなたはどんなことをしますか？　今までどのようにして気持ちを楽にしてきましたか？　これを調べてみましょう。

やってみよう　すでに実行しているセルフ・コンパッション

　以下のリストは，何人かのティーンが気持ちを楽にするときにやっていることです。あなたがすでにやっていることがあれば，青いペンで丸を付けましょう。次に，これから試してみたいと思うことは，黒いペンで丸を付けましょう。絶対に試したくないと思うことには，赤いペンで×を付けてください。ここに掲載していないことで，追加したいことがあれば，末尾の空欄に書いておきましょう。

　　面白い映画を観る。
　　怖い映画を観る。
　　自転車で走る。
　　ジョギングする。
　　弟か妹とゲームをする。
　　『ハリー・ポッター』を読む。あるいは，『ハンガー・ゲーム』や，その他のお気に入りの本を読む。もう十数回目とかになるかもしれない。
　　学校の勉強とはまったく関係のない本を読む。
　　うちの猫と丸まって横になる。
　　犬を散歩に連れていく。
　　ペットのモルモットと遊ぶ。
　　友だちに電話をかける。
　　友だちにメールする。
　　買い物に出かけて，自分にすてきなものを買う。
　　スケッチブックをもって外出し，何かをスケッチする。
　　外に出て，バスケットのゴールを何本か決める。
　　チョークをもって外に行き，玄関アプローチに何か面白いものを描く。
　　自分の好きなものを工作する。

お気に入りの音楽をかけ，ガンガン踊る。

携帯電話のゲームをひとつ（か，ふたつか，3つ）する。

森をハイキングする。

洗面タオルと冷たい水で顔を洗う。

自分のために健康的なおやつを作る。

日記を書く。

日記を付けていないなら，付けはじめる。何も書いてないページが数ページあるだけでいい。コンピュータに打ち込んでもいい。

昼寝をする。

ペットのハムスターをかわいがる。

ゆっくりお風呂に入って，心を落ち着ける。

ヘッドフォンを着け，目を閉じてお気に入りの音楽を聴く。

　空欄を埋めるものを今すぐ，ひとつひとつ考えなくてはいけないなどと心配することはありません。これは，あなたがスタートを切るきっかけになるように用意したリストです。これから本書を読み進める中で，あなたは自分に優しくする別の方法を**たくさん**学んでいきます。その途中，いつでもこのリストに戻り，新しく思いついたことを追加していきましょう。

　まずは，リストにあるものをひとつ選び，やってみてはいかがですか？　自分にとって良いことをすると，気分が良くなり，別のことをするエネルギーが湧いてくるかもしれません。特に，それをしているときにマインドフルな状態になり，身体的な感覚——浴槽のお湯やペットの柔らかな手並みの感触——に注目すると，あとで少し休息できた感じを味わえるかもしれません。

　今からやってみようと思うものを記入しましょう。

　さあ，思い切ってやってみるのです。
　そして，どういう感じがしたかについて，書いておきましょう。自分自身の言葉で書いても，以下から選んで書いてもかまいません。たとえば，不愉快，かなり良い，まずまず，良くも悪くもない，今日は最高の気分，最高に幸せ，落ち込んでいる，悲しい，腹が立つ，イライラする，すごい，嬉しくてたまらない，最悪，など。

> ### ティーンの言葉
>
> 2〜3カ月間セルフ・コンパッションを実践したティーンたちはどう言っているでしょう？
> 　自分自身を前より受け入れられる気がする。うん，そう思う。
> 　ありのままの自分でいるのに役立っているんじゃないかな。
> 　人がわたしを好きかどうか，あまり気にならなくなったみたい。だって，このわたしが自分を好きだから。

　もし日頃から自分に対して思いやりをもつ習慣をつけ，また，たまにではなく毎日，先ほど挙げたセルフ・コンパッションの行動を取ったとしたら，どんな感じになると思いますか？　わたしたちはそれを，本書で学び，実践しようとしています。
　マインドフルネス——好奇心をもって注目し，自分を裁かないという態度——を身に付けると，自分が自分のことをどう扱っているかに気づけるようになり，その結果，以前より自分に優しくできるようになります。次に紹介するアート作業は，マインドフルネスを練習するものです。注意力を養うのに役立ち，自分を裁きそうになるときに「放っておく」ことを教えてくれます。
　少し前にやった手を使う動作を憶えていますか？　ここでは，手の輪郭を描きます。それによって，先ほどの手の動作を思い出すでしょうし，マインドフルネス，セルフ・コンパッション，共通の人間性，自己への優しさが体内でどう感じられるかを思い出すでしょう。

やってみよう　マインドフルに手を描く

　思い出してください。本書で取り上げるマインドフル・アートの作業は，壁に掛ける芸術作品を創作しようとするものではありません。作業中は，じっくり観察し，時間をかけて自分の感覚——手にもつ鉛筆の感じ——に心から注意を払い，自分の描いたラインの詳細やライン間の余白を調べます。紙に接する鉛筆の感じにまで注目します。これは，作品を仕上げるための作業ではありません。それどころか，仕上げの心配は無用です。学校ではありませんからね。

　このエクササイズには，鉛筆もしくはペンと，紙が必要です。

　描いている間に，自分を裁く思考が湧き上がってくるのに気づいたら，それらをすべて，そっと手放せるかどうかを確認しましょう。自分を裁く思考とは，たとえば，あ〜あ，雑な絵だなとか，この本をもっている全員の中で，絶対，自分が一番下手な絵を描いているなどという思いです。そうした思いが浮かんでくるのに気づいたら，それはごく普通のことで，誰もがそんなふうに考えていることを思い出してください。このエクササイズは，感覚に気づくためのものであって，芸術作品を仕上げるためのものではないことを忘れないことです。自分を裁く思考と直接取り組む方法は，このあとのいくつかの章で学んでいきます。今は，ひたすら描きましょう。

　まず，自分の手の輪郭をなぞります。ゆっくり作業をしていいのだと自分に言い聞かせて，輪郭をなぞってください。そうすれば，目に入る自分の手の詳細に集中することができます。輪郭をなぞり終わったら，その輪郭を囲む背景に，直線を平行に何本か描き入れます。線が手の輪郭にぶつかったら，手や指のふくらみが出るように線をカーブさせ，背景に戻ったら，また直線に戻しましょう。ものすごくゆっくり描いていくことを忘れないようにしてください。速く描き終わっても，なんの賞も出ません。

　つづいて，余白部分に，第 1 章でやったようなマインドフルなデザインを施します。第 1 章のマインドフルなパターンを使ってもいいですし，自分で創作してもかまいません。大切なのは，ひたすらゆっくり描きながら，自分の描いているものに注意を払うこと，作業を進めていく途中で生じた感覚に気づくことです。

　作業中，心がどこかにさまよい出していることに気づいたら，手にもつペンや鉛筆の感覚，紙に接するペンや鉛筆の感覚に，注意をそっと戻しましょう。

　自分の描いたデザインに色を着けたくなったら，そうしてもかまいません。

　一例として，わたしの友人ケイト・マーフィーが描いたものを以下に紹介します。

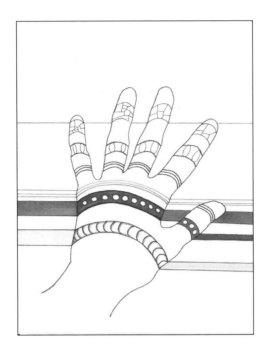

　というわけで，こうしたやり方でマインドフルに絵を描くと——充分に時間を取り，絵を描きながらひたすら感覚に注意を払うだけで，自分自身や自分の作品を裁かないでいると——驚くほど気持ちが安らぐことを憶えておきましょう。それにね，これは，やろうと思ったらいつでもできます！

どう思いましたか？

　本章を読み終えたあとの思いについて，自分の反応を下の余白に文字や絵で記録しておきましょう。書き残しておきたいと思いそうなことをいくつか，ヒントとして挙げておきます。

　これまでより自分に優しくし，自分のことをあまり責めないようにするのは，どんな感じだと思いますか？

_____

_____

_____

　自分自身に優しくすることについて，何か怖いと思うことはありますか？　もしあるとしたら，どんなことですか？

_____

_____

_____

　そのほかに，何か思っていることはありますか？

_____

_____

_____

ま と め

　わたしたちは今，セルフ・コンパッションの冒険に出ようとしています。実際，これは**冒険**なのです。地図のない未知の領域に続く扉を開けようとしているのですから。

　その領域は刺激的で，自分自身に対する新しい見方を提供してくれる可能性を秘めています。そうした新しい見方ができるようになれば，気分が良いときも，落ち込んで自分に批判的になっているときも，自分自身について，これまでよりはるかに前向きな気持ちでいられるようになります。

　次の章では，セルフ・コンパッションの最初の部分――自己への優しさ――をもっと詳しく見ていきます。用意はいいですか？　では，シートベルトをしっかり締めて，行きますよ，出発！

第Ⅱ部

セルフ・コンパッションを見つける

第3章

自分に優しくなるには，
まずどうすればいい？

　今は数学の授業中で，先生が先週のテストを返そうとしています。あなたの手は汗ばんでいます。出来があまり良くなかった気がするからですが，それでも，思っていたよりは良い点数が取れているといいなと願っています。本当に，このテストでまあまあの成績を取っておきたいんだ。だって，今学期の平均は——まあ，いつもよりは良いとだけ言っておこう。先生がこっちに近づいてきます。心臓のドキドキが速くなり，一瞬先生と目が合いました。先生は机に回答用紙を伏せて置いたので，本能的にそれをひっくり返しました。——ああ，がっくり！　想像していた以上に悪い。なんでこんなにばかなんだ。ううう……みぞおちの辺りにいつもの虚脱感があり，おまえはどうしようもない大ばかだという言葉が繰り返し心の中で響いて，止みそうにありません。

　ここは学校のカフェテリアです。ランチのテーブルについていると，ある会話がたまたま聞こえてきました。この声は，自分をきっとデートに誘ってくれるはずの彼だわ。えっ？！　今，学校のダンスパーティに別の女子を誘っている！　みぞおちを殴られたみたいな気がしました。口に入れたばかりのピザを飲み込もうとしましたが，喉<ruby>喉<rt>のど</rt></ruby>につかえてしまったようです。涙を必死でこらえている感じでした。あなたは自分に言い聞かせます。あたし，ばかだった。彼はあたしをデートに誘おうとしてたわけじゃなかったのね。あたしなんか，ちっともかわいくないし……。なんで，彼が自分のことを好きだなんて思っちゃったんだろう？　あたしって，どうしようもないばかだ。ほんと，救いようのないばかだわ。

　わたしたちは誰でもこうしたシナリオに直面し，打ちのめされた気持ちになります。そして，そんなシナリオに付きものの，とても不愉快で，ぞっとするような気持ち——自分に対する裁きと批判——を，誰もが経験します。残念ながら，傷ついたり，腹を立てたり，孤独になったり，悲しくなったりするのは，人間ならではの体験です。では，何か恐ろしいことが起こったとき，どうすればいいのでしょう？　自分の世界がどんどん縮んできて，穴の中に潜り込んで100年くらいは出ていきたくないと思ったとき，どうすればいいのでしょう？

　まず，そうした体験をしてもさほど傷つかないでいるのに役立つことはいろいろあると知っておくことです。このあとすぐ，そのうちのふたつについてお話しします。

　ひとつめは，スージング・タッチと呼ばれるものです。簡単に言えば，手を胸に置いたり，頬をなでたりするなど，自分の気持ちが安らぐような，なんらかの動作をすることです。スージング・タッチが役立つのは，哺乳動物がこうした形で慰められるよう生まれつき配線されているからです。赤ちゃんのときは，親に体を揺すってもらって安心します。哺乳動物の赤ちゃんが皆，お母さんに心を落ち着かせてもらうのと同じです。スージング・タッチのやり取りで体内に分泌されるオキシトシンは，わたしたちをリラックスさせるホルモンで，「快楽」物質とも呼ばれています。もし犬や猫を飼っているなら，それをなでたとき，自分もペットもどんなに心が落ち着くか，思い出してください。身体的なタッチは，相手を思いやって優しく行なうと，驚くほどの安らぎ効果をもたらしえます。

　というわけで，オキシトシンの分泌を促しリラックス効果をもつスージング・タッチの動作を，これからいくつかやってみましょう。次につらい思いをしたとき，それらを活用することができます。今やっておけば，どれが自分に合っていて，あとで使えるものなのかを感じ取ることができるでしょう。いざというとき，その動作だけを使ってもいいですし，ほかの動作と一緒に使ってもかまいません。これからそうした動作をやっていきますが，それぞれがどう感じられるかによく注目してください。ゆっくり行ない，各動作に5〜10秒ほどかけるのがベストです。そうすれば，各動作の感じにしっかり注意を払うことができます。各動作をし終えたら，1〜10段階で，その感じを評価してください。1は「う〜ん，やってもやらなくても，どっちでもいいかな」で，10は「すごく気持ちが落ち着く」です。次のページに挙げた各動作の右欄に，評価を記入しましょう。

やってみよう　スージング・タッチ

1. 片手を胸に置きます。しばらくそのままにしておきましょう。手のわずかな圧力，胸に置いた手の温かみ，そうすることでどれだけ守られている感じがするかに，注意を払ってください。　　　　　_____

2. 両手を重ねて胸に置きます。しばらくそのままにしておきましょう。そうしているとどんな感じがするかに注目してください。　　　　_____

3. 片手で頬を優しくなでます。その感覚に注目しましょう。　　_____

4. 今度は両手で顔を包むように支え，しばらくそのままの状態を保ちます。どんな感じがしますか？　　　　_____

5. 両腕を交差させ，自分を軽くハグします。反対の手で上腕をさすってもいいでしょう。どんな感じがするかに注意を払ってください。　　_____

6. 膝の上で両手を重ねます。片手でもう一方の手をさすってもいいでしょう。これは，何をしているのかを人に知られることなくできて，便利な手です（別に洒落ではありませんよ！）。　　　　_____

7. 手を伸ばして，自分の背中をポンポンと軽く叩きます。どんな感じがしますか？　　　　_____

8. 右手でげんこつを作り，それを胸に置きます。左手で右の手首をつかみましょう。これがどんな感じか，注目してください。　　　　_____

　特に気持ちが落ち着く動作が見つかりましたか？　もし見つかったなら，ここに記入しましょう。

_____

　この動作をしたとき，どんな感じがしましたか？

_____

_____

> **ティーンの言葉**
>
> 胸の上で両手を組むと，すごく落ち着ける気がしました。これがとても好きでした。わたしにとって，これはほかのこととは何か違っていて，いいなと思いました。すごくリラックスできて，心が慰められました。

スージング・タッチは，動揺したときや悲しいときに，自分で使える動作です。このあとお教えするふたつ目の方法の中で，それを使うこともできます。

やってみよう　自分のための瞬間

以下の瞑想を最後まで読んでもいいですし，このための音声ガイドをサイト（http://www.newharbinger.com/39843）からダウンロードすることもできます。

これが「自分のための瞬間」と呼ばれるのは，これを行なえば，まさにこれが必要なときに，ほんのちょっと時間を取って自分自身を落ち着かせることができるかもしれないからです。これは，瞬間的にパッとすることもできれば，瞑想のように長い時間をかけてすることもできます。最初は瞑想としてやってみましょう。

自分が少しうろたえるようなことを何か考えてください。今まさに日々の生活の中で取り組んでいるなんらかの状況を考えましょう。あなたはこれを初めてするわけですから，取り組み中の大問題ではなく，少し動揺する程度の状況を選ぶことが肝心です。

心の中で，その状況を明確にイメージしてください。それに関係している人物や，その人の様子，その部屋や場所の様子を思い描けるかどうかをチェックしましょう。良かったら，その状況について，下の余白に文字で書き留めるか，絵に描くかしてください。

このあとは，3段階の構成になっています。

1. まず自分自身に，**これは厄介な瞬間**だと言います。あるいは，**これには本当にうんざりする**でもいいでしょう。正確な言葉遣いは重要ではありません。重要なのは，この瞬間，この出来事のこの体験がつらいことを，あなたが認めることです。そんなのはわかり切ったことだと思えるかもしれませんが，わたしたちは往々にして自分の感情から目をそらすため，そうした感情をはっきり自覚することで，それらにしっかり取り組めるようになります。自分に向かってこのように言うのは，どんな感じですか？

———————————————————————————————

———————————————————————————————

———————————————————————————————

2. 次に，自分自身に向かってこう言います。**この苦痛〔怒り，イライラなど，そのとき心に生じているもの〕を感じるのは，人間なら普通のことだ。**誰だって，いつかどこかでこうした感情をもつし，ティーンがよく，ほかの人たちよりも強くそれを感じるのは，今経験しているあらゆる変化のせいだ。ティーンは，けっこうきついんだ！　でも，この地上に，こうした感情をもたない人間はひとりもいない。ぼくは独りぼっちじゃない。

　　この通りでなくても，同様の内容で，自分にとって意味のある語りかけをしてください。
　　以下に，自分に語る言葉を書き，それを言ったあとにどう感じるかも書きましょう。どのように感じようとも，まったく問題ないということを忘れないでください。感じ方に良いも悪いもありません。

———————————————————————————————

———————————————————————————————

———————————————————————————————

3. つづいて，先ほど自分に効果があるとわかったスージング・タッチの動作を使います。胸に片手を置く，頬をなでる，自分の肩をポンポンと叩く，などです。そして，自分自身に，**今この瞬間，自分に優しくできますように**と言い，今すぐ気持ちが楽になる言葉として，**自分が一番聞かなくてはならない言葉は何だろう？**　と自問しましょう。その言葉が浮かんだら，以下に書き入れ，それを繰り返し自分に言ったら，どういう気持ちになるかも書いてください。

_____

_____

_____

　では，その言葉を言ってみましょう。たとえば，もしあなたが聞く必要のある言葉が「自分には居場所がある」なら，**わたしには居場所がある**と自分に言います。もし聞く必要のある言葉が「自分は愛されている」なら，**わたしは愛されている**と自分にささやきます。あるいは，自分自身に対して，**わたしはあなたを愛している**と言いたい場合もあるでしょう。自分に向かってこのように語りかけるのは，最初，妙な感じがするかもしれません。それはよくわかります。でも，その妙な感じを乗り越えると，たぶんちょっといい感じになります。ひょっとしたら，さらにいくつか言葉が浮かんでいるかもしれませんね。それもここに書いておきましょう。

_____

_____

_____

　時には，どんな言葉を自分にかけたらいいのか，適切なものがなかなか見つからないこともあります。もしそうでも，心配は要りません。よくあることです。自分に親切にするのに慣れていないだけだからです。そこで，以下を試してみましょう。**これと同じ状況で友だちが苦しんでいるとしたら，どんな言葉をかけるだろう？**　と自問するのです。
　たとえば，あなたは妹につらく当たり，そのせいで妹がひどく動揺して泣き出したため，嫌な気分になっているとしましょう。でも，この件で自分の気持ちを楽にできるような言葉を思いつきません。何も浮かんでこないのです。そこで，妹に意地悪をして居心地の悪い思いをしているのは友人だと想像します。あなたなら，その友人になんと言いますか？

　　たぶん，「大丈夫，あなただって人間だもの。間違うことだってあるよ。ほら，すぐに妹をハグして，ごめんねって言おうよ。そうしたら，妹，機嫌を直すから」などと言うのではないでしょうか。

　　自分と同じ状況で苦しんでいる友人にかけるだろうと思う言葉を書きましょう。

_____

_____

_____

　　さあ，今度はその言葉を自分自身に言いましょう。たとえば，上に挙げた状況であれば，**大丈夫，わたしだって人間だもの。人間，誰だって間違うことはある。間違うことはあっても，わたしは良い人間だし，良い姉だ！**　と，自分に言うのではないでしょうか？　あなたは自分にどんな言葉をかけますか？　それをここに書いてください。それを書きながら，これらの優しい言葉の裏にはどういう意味があるのか，ひとりの人間として，自分は優しくされる価値があるのかについて，しっかり考えましょう。

_____

_____

_____

　　このエクササイズをやって，どういう気持ちになっていますか？　あなたにとって，自分に優しい言葉をかけるのは，どんな感じでしたか？

_____

_____

_____

_____

　この「自分のための瞬間」は，何か厄介なことが起きて，そのせいで落ち込んだ瞬間に，自分がやっているところを想像できる内容ですか？　（当てはまるものを丸で囲みましょう）

　　間違いなく想像できる！　　全然想像できない！　　たぶん想像できる

　　まだ考え中　　この本に載っているほかの方法を見ようと思う

ティーンの言葉

ぼくは2～3回，何かでストレスまみれになったようなときに，「自分のための瞬間」をやりました。ひと呼吸置き，状況から距離を置いて全体を眺め，「これはそんなにたいしたことじゃない」って言うんです。

　というわけで，スージング・タッチは，「自分のための瞬間」と組み合わせると，気持ちが落ち込んでいるとき，真の慰めになりえます。胸に手を置くと，心が守られていて安心できるような気持ちになるなあと気づくことがよくあるでしょう。そして，ほんのちょっと時間を取り，苦痛がそこにあることを認めること，そして，この苦痛は人生に付きもので，誰もが経験するものだということを思い出すことによって，少しほっとした気持ちになります。もちろん，苦痛自体は愉快なものではありませんが，それが自分の欠点を意味するわけではなく，何か悪いことをしたという意味でもないことがわかれば，救いになります。さらに，自分に対して優しい言葉をかけることも役立ちます。何はともあれ，不快な感情を取り除こうとするのをやめて（そうしても効果はないので，不快な感情には正面から向き合い），不快になっている自分をなだめることです。そうすると，苦痛は少し軽減します。

どう思いましたか？

　本章に対する自分の反応について，自由に文字や絵で記録しておきましょう。厄介なことを体験した直後や，誰かがなんらかの形であなたの気持ちを傷つけたり，あなたを動揺させたりすることを言った直後に，「自分のための瞬間」をしたら，どんな感じがするでしょうか？　傷つけられたと感じたその瞬間に，自分に対して優しくしたら，どんな感じがするでしょうか？

ま　と　め

　本章の方法を気に入ってもらえたなら，何よりです。嫌な気持ちになりはじめたことに気づいたら，いつでもこれらを使ってください。そして，これらは必ずしも，不快な感情を取り除くものではないことをよく憶えておいてください。取り除きたいのはやまやまですが，それはできません。本章の方法は，苦痛のさなかに——苦痛を感じている**からこそ**——自分に優しくするためのものです。傷ついたもろい心を，生まれたてのヒヨコを抱くように，愛情と思いやりといたわりをこめて，そっと抱いてあげましょう。

　次の章では，自己批判で傷ついた心を癒し，自分自身と他者に優しくすることに真に役立つ特別な方法を身に付けます。それは，何千年も前から身近にあったやり方で，今でも用いられているものです。さらに，昨今の研究によって，それがレジリエンスを形成すること——すなわち，厄介な状況に取り組み，そこから立ち直る力を養うこと——が明らかになっています。

第4章

心を開いて，
優しい気持ちが入ってくるようにする

　あなたはすでにいくつかの点で，ある程度，自分に優しくしていますよね？　第2章で
お話ししたように，入浴する，ペットと戯れる，音楽を聴くなどして，そうしているはず
です。本章では，もう一歩先に進みます。セルフ・コンパッションの持続性を高め，それ
を，いつでも携帯できるようなもの，特に必要になったときに頼りにできるものにする方
法を学びます。

　どこから始めましょう？　わたしの推測では——というのも，わたしは大勢のティーン
や大人を教えているので思うのですが——あなたはしょっちゅう，厳しく自己批判をし，
さらには自己嫌悪にまで陥っていることでしょう。誰も自分のことを好いてくれない，自
分はまったくのよそ者だと感じてもいることでしょう。

　では，どうやったらこれを好転させられるのでしょうか？

　本章では，フォーマル・プラクティスをひとつ学びます。「フォーマル」は「規則／形
式に従った」という意味で，ここでは，「毎日時間を確保してそれを実践する」ことを表
しています。「実践／練習」という意味の「プラクティス」を使っているのは，繰り返し
何度でもそれを行なうことができるからです。サッカーのドリルやピアノの音階と同じよ
うに，それを「実践／練習」するのです。このフォーマル・プラクティスに効果があるの
は，まさに直接的なやり方で——もがき苦しんでいるそのときのみならず，いつでも——
自分自身に対する優しさを培うのに役立ち，その結果として，それがありのままの自分の
一部となり，当たり前に感じられるようになっていくからです。

　このフォーマル・プラクティスには，「ラヴィング・カインドネス」〔訳注：愛にあふれた
優しさ〕という名前が付いています。実は，これはすでに何千年もの昔からどこでも行な
われていたことで，「フレンドリネス」〔訳注：友だちとしての思いやり〕とも呼ばれています。
したがって，この「ラヴィング・カインドネス」では，自分自身および他者に対して「友
だちとしての思いやり」に満ちた態度を定着させていきます。これはとても基本的なこと
のように聞こえるかもしれませんが，実際のところ，わたしたちは自分自身に対して，友
だちとしての思いやりに欠けた態度を取っていることがよくありますよね？　それどころ
か，しょっちゅう，かなりつらく当たっています。

49

　では，これをやってみて，どういうことになるか見てみましょう。そして，そのあと，これについて話し合います。

やってみよう　自分が大切に思っている人に対する ラヴィング・カインドネス

　もし可能なら，このエクササイズ用の音声ガイド——http://www.newharbinger.com/39843 からダウンロード可能——を聴いてください。これは，以下を読みながらするよりも，音声ガイドを聴きながらするほうが簡単だと思います。

1. 座るか，横になるかして，リラックスした体勢になります。必ず，20分ほどそのままでいられるような，楽な姿勢を取ってください。

2. では，あなたがつい微笑みたくなるような生きている存在について考えてみましょう。それは友人かもしれませんし，祖父母，大好きな先生，あるいは，犬や猫かもしれません。その存在のことを考えると心が安らぐ——そういう存在について考えます。

3. さて，この存在は，あらゆる生ける存在がそうであるように，幸せになりたいと思っています。ですから，この存在のために，以下の言葉を心の中で繰り返し，その言葉の裏にある気持ちとつながることができるかどうか，単に言葉を繰り返すだけでなく，その言葉に結びついた気持ちを本当に感じているかどうかをチェックしてください。言葉はゆっくり繰り返します。そうすれば，その裏にある意味を真に感じ取ることができます。時間をかけましょう。以下の言葉は，数回繰り返してもかまいません。

   あなたが幸せでありますように。（幸せだというのはどういう感じかを考える）
   あなたが愛されていると感じますように。（愛されていると感じるのは，どういう感じか？
   　　ありのままの自分が愛されていると感じるのはどうか？）
   あなたがありのままの自分を受け入れはじめますように。

4. この存在のための幸せや愛，自己受容を願う気持ちをほんの少しでも本当に感じることができるまで，上の言葉を繰り返しましょう。

5. 心の中で，この存在を取り囲んでいる輪を広げているところを想像し，あなた自身のイメージもその中に含めます。言い換えると，あなたは今，自分がつい微笑みたくなるような存在と自分が一緒に立っているところ——双方がそこに一緒に立っているところ——を想像

しているということです。さて今度は，時間をかけて，自分自身とその存在双方のために次の言葉を繰り返します。言葉の裏にある意味と気持ちをしっかり感じ取るために，ゆっくり進めることを忘れないでください。以下はその言葉です。

双方が幸せだと感じますように。（幸せだというのがどういう感じかを思い出す）
双方が愛されていると感じますように。（この上なく愛されているのがどういう感じかを思い出す）
双方がありのままの自分を受け入れはじめますように。（これは，それぞれがありのままの自分を受け入れはじめている段階に過ぎないこと──今の自分をそのまま（たぶんいつの日にか）受け入れる可能性に心を開いているに過ぎないこと──を思い出す）

6. つづいて，自分がつい微笑みたくなるような存在のイメージを手放します。そのイメージが心の中の背景に静かに消えていくようにして，心の中には自分のイメージ──今あるがままの自分自身のイメージ──だけが残るようにしてください。そして，ゆっくり充分に時間をかけて，自分のためだけに以下の言葉を繰り返します。ひとつの言葉にこれまで以上に時間をかけ，それを強調して，幸せで愛されていたいという願いをほんの少しでも感じ取り，ありのままの自分を受け入れるのがどんな感じなのかを感じ取ってもいいでしょう。これにはたっぷり時間をかけてください。速くやり終えても，なんの賞も出ないことを忘れないでください。

わたしが幸せだと感じますように。
わたしが愛されていると感じますように。
わたしがありのままの自分を受け入れはじめますように。（この可能性にひたすら心を開く）

さて，どう思いましたか？　あるいは，「どう感じましたか？」と訊ねたほうがいいかもしれませんね。あなたがつい微笑みたくなるような存在に上記の言葉を繰り返すのは，気分が良かったですか？　自分自身にそれらの言葉を言うのは，少し変な感じでしたか？
　それとも，ひょっとして，全部を気に入ってくれましたか？
　よく聞いてください。感じ方に良いも悪いもありません。あなたが感じたことはすべて，あなたにとって完全に正しいことです。自分の感じていることがなんであれ，思い切ってそれを感じることは助けになります。その気持ちが体のどこにあるかを見つけることができたら，その体の感覚にひたすら注目してください。そして，それをそのままそこに置いておきましょう。

　この「ラヴィング・カインドネス」をしたとき，体内に何かを感じた場合は，ここに書いてください。

_____

_____

　では，この「ラヴィング・カインドネス」について，部分ごとに話していきましょう。
　まずは最初の部分です。あなたがつい微笑みたくなるような存在のために言葉を繰り返したとき，どんな感じがしましたか？

_____

_____

　次は，ふたつめの部分です。あなたがつい微笑みたくなるような存在の輪に自分自身を含めたとき，どんな感じがしましたか？

_____

_____

　そして，3つめの部分です。自分のためにだけ言葉を繰り返したとき，どんな感じがしましたか？

_____

_____

　回答に，良いも悪いもありません。何を感じたとしても，すべてまったく問題ありません。
　自分自身のためだけに言葉を繰り返すのは，少しつらいと感じましたか？

_____

_____

　わたしたちは，自分自身に親切にするのは利己的だというおかしな考えに基づいて育てられます。たとえ自分に親切にしたからといって他者に親切にできないわけではないとわかっていても，事態は変わりません。それに加えて，文化やメディアが，今のままでは不充分だという考えを助長し，わたしたちは「受け入れられる」自分になろうとして，無数の「モノ」を購入しなくてはならなくなります。その結果，わたしたちの多くは，自分には幸せになったり，愛されたり，安心したりする価値はないと感じるのです。もしあなたがそうなら，思い悩まないでください。とてつもなく多くの人々——特にティーン——が同じように感じていることを知ってください。それどころか，自分のことを良く思うだけの価値もないと思っている人が，実に大勢います。もっとはっきり言えば，だからこそわたしは本書を執筆しているのです。また，だからこそ，「ありのままの自分を受け入れる可能性に心を開きはじめますように」というような言葉を使うのです。

　あ，ちょっと待って——言ってなかったかな？　そうそう，もうひとつあるのです。もし先に挙げた言葉があまり自分にとって意味がないと思うなら，言い回しを変えて，ぜひ意味のあるものに変えてください。自分流にアレンジしていいのです。その方法をこれからご紹介します。

やってみよう　自分にぴったりの言葉を見つける

　次のように自問しましょう。もし可能なら，このあと一生，毎日聞きたいと思う言葉はなんだろう？　自分には価値があり，そう認めてもらっている，評価され尊敬されている——そう感じさせてくれる言葉を聞きたいけれど，それはどういう言葉だろう？　聞くたびにありがたいと思い，聞けば幸せになる——そういう言葉を聞きたいけれど，それはどういう言葉だろう？　もし可能だとして，毎日耳にささやきかけてほしいと思う言葉はなんだろう？

　それは，「あなたは愛されている」とか，「ここにあなたの居場所がある」などといった言葉かもしれません。別の言葉かもしれません。以下にも，いくつか使える言葉を挙げておきますので，良かったらどうぞ。

　　あなた自身を受け入れよう
　　自分自身の真価を認めよう
　　自分には居場所があることに気づこう
　　落ち着き
　　わたしはあなたのことを大切に思っている
　　わたしはあなたと一緒にここにいる
　　あなたには価値がある
　　幸せ
　　健康
　　自分自身を尊重する
　　優しさ
　　自分が愛されていることに気づこう
　　平穏
　　安全
　　セルフ・コンパッションを思い出そう
　　支え

もし良かったら，あなたの心に響く言葉をここに書いてください。

_____

_____

_____

　では，これらの言葉を祈りに変えましょう。たとえば，「あなたは愛されている」は，「自分が愛されていると感じますように」とすることができますし，「ここにあなたの居場所がある」は，「自分に居場所があると思えますように」とすることができます。

　以下には，あなたの「祈り」の言葉を書きます。祈りの言葉は，少なくともふたつ，でも，4つ以下にしておきましょう（そのくらいの数のほうが憶えやすいというだけのことですが）。

_____

_____

_____

　わたしたちはこのようにして心を開こうとしているところであることを忘れないでください。楽な気持ちで自分自身に優しくしたり愛情を注いだりできるようになるには，しばしば時間がかかりますし，時には，いっときにほんのわずかしかそうならないため，何が起きているのかに気づかないこともあります。そうこうするうちに，ある日振り返ってみると，自分が以前ほど自分につらく当たっていないことに気づきます。以前よりずっと自分が好きになっていること，誰かにあまり嬉しくないことを言われてもさほど動揺しないこと，それは実は相手の問題かもしれないことに気づくのです。

　ですから，時間をかけて，自分に優しくすることを学んでください。身に付くのが遅くてもまったく問題ないことを憶えておきましょう。ここは学校ではありません。

　あ，そうそう，これを実践する時間は長く取れなくても大丈夫です。毎日ほんの少しすることで効果が上がります。5分ならできるでしょう？　毎日5分，10分とやっていたら，長い間には何時間にもなりますよ！

ティーンの言葉

わたしは何より瞑想が大好きです。日々のあらゆるストレスからほんのちょっと解放されて，リラックスできるって言ったらいいのかな，本当に役に立つと思いました。

　以下に挙げたヒントを活かせば，「ラヴィング・カインドネス」を毎日忘れずに行なって，自分自身に対する優しさを育みつづけられるようになります。これらの提案は，本書に掲載した他のフォーマル・プラクティス〔毎日時間を確保していつも決まったやり方で行なうこと〕すべてに役立ちます。

1. 何よりもまず，これは，自分自身に優しくすることを教えるものだという点を忘れないことです。これは，自分には優しさと関心と愛を注いでもらう価値があることを思い出すための時間です。これは，宿題や日常の雑事とは**違います**。自分自身に対する愛を思い出して生成するための時間であり，それ以外の何ものでもありません。

2. これを実践するために，毎日同じ時間を確保しましょう。そうすれば，歯磨きや着替え同様，これは日々のルーティンのひとつになります。最初は5分から始めて徐々に増やしていき，20分くらいはできるようにしましょう。

3. 毎日同じ場所で——自室の片隅，ベッドの上，お気に入りの椅子などで——行ないます。そうすれば，そこが「プラクティス」専用の場所になります。

4. し忘れることがないよう，携帯電話に時間を設定しておきましょう。

5. これに関連している瞑想を活用しましょう（そうした瞑想は，http://www.newharbinger.com/39843 でダウンロードできます）。

ある教師の個人的な話

　「ラヴィング・カインドネス」を教える著名な指導者のひとりシャロン・サルツバーグが語ったのは，彼女が初めてこれを学んだときのことです。彼女は合宿に参加していました。つまり，毎日朝から晩まで——一日8時間以上だったかな（いえ，いえ，冗談を言っているのではありません！）——「ラヴィング・カインドネス」をしつづけていたのです。でも，1週間ほど経っても，何かが「起きている」ようには感じられませんでした。そして，そのあと，なんらかの理由で合宿をあとにせざるをえなくなりました。彼女は自分の部屋にいて，出ていく支度もすっかり済んでいましたが，うっかり花瓶を倒してしまい，花瓶は床に落ちて粉々になりました。そのとき彼女の心に真っ先に浮かんだ言葉は，なんてドジなの！でした。そして，次に浮かんだ言葉は，でも，とにかくわたしはあなたを愛しているだったそうです。彼女が言うには，この最後の言葉——「でも，とにかくわたしはあなたを愛している」——は，もしこの「ラヴィング・カインドネス」をしていなかったら，心に浮かぶことはなかったろうということです。

どう思いましたか？

　少し時間を取り，本章に対する自分の反応を，文字や絵で記録しておきましょう。
　たとえば，毎日時間を取り，自分自身に向かってラヴィング・カインドネスの言葉を言うとしたら，どんな感じがするでしょう？　そうすることで，日中の感じ方がどのように変わると思いますか？

_____

_____

_____

_____

_____

ま と め

　自分自身に優しくする方法の習得は進行していくひとつのプロセスです。ひと晩では習得できませんが，実践しつづければ，最終的には**必ず**身に付きます。わたしの推測では，あなたも，わたしたちの大半と同じく，相当長い間自分自身につらく当たってきたことでしょう。ですから，それを反転させて自分に優しくするには，少々時間がかかるかもしれません。でも，ラヴィング・カインドネスは，とりわけ自分で言葉を作成して行なうとき，その実現を助けてくれます。そして，次章で探っていくマインドフルネスも，そのとき体験していることがなんであれ，それを追い払ったり，別のものに変えたりするのではなく，それと共にいられるよう，わたしたちに力を貸してくれます。

　というわけで，マインドフルネスについてさらに学ぶ準備はできていますか？　次の章を詳しく見ていきましょう。

第5章

マインドフルネス，自動操縦，間を置く

　部屋に入ったあと，どうやってここまで来たのだろうと思ったことがありますか？　あるいは，学校まで運転してきたのに，途中のドライブについて何も憶えていないというようなことがありますか？　このように「自動操縦」で何かをしているとき，わたしたちはマインドフルな状態ではありません。

　よく憶えておいてください。マインドフルネスとは，好奇心をもって一瞬一瞬に注意を払うことです。それが起きている瞬間に，起きているそのことに気づくこと——各瞬間の体の感覚や気持ち，思考に気づくことです。セルフ・コンパッションについて語るとき，これはとりわけ重要です。というのも，必要としている思いやりを自分に与える前に，自分がどう感じているかに気づく必要があるからです。

　さあ，マインドフルネスとは何かについてのわたしの話はこれくらいにして，実際にマインドフルネスを体験しましょう。

やってみよう　音に耳を傾ける

　今からすぐ，1分ほど，いろいろな音に注意を払います。もし携帯電話にタイマーかストップウォッチが付いているなら，1分を設定してください。周囲の音を——近くの音も遠くの音も——よく聴きましょう。

　………………よく耳を澄ませて………………聴きます………………

何に気づきましたか？

_____

_____

　よく注意して聴くようにという特別な指示がない普段のときより，たくさんの音が聞こえましたか？

_____

_____

　つまり，マインドフルネスは，注意を払おうと努力すること——**意図して注意を払うこと**です。

　いろいろな音を聴いていたとき，やたらと心がふらふらさまよったことに気づきましたか？　ひょっとしたら，心の中にさまざまな考えが浮かんできたことに気づいたかもしれません。もしそうでも，それはごく自然なことです。心とはそういう働きをするものです。

　自動操縦状態になり，ある場所から別の場所にどうやって移動したかを思い出せないことについて触れたのを憶えていますか？　これも，心がさまよい出しているときに起きます。

　では，なぜ心はさまようのでしょう？　そして，心がさまっているとき，何が起きるのでしょう？

　それは，わたしたちが自分の身の安全を保つよう生まれつきそうなっているということなのです。進化の観点から言うと，肝心なのは，自らの安全を保って生き延び，種を存続させることです。ですから，わたしたちの脳はそう行動するように配線されています。大昔，森に狩りに出た祖先は，自らに危害を加えるもの——たいていはなんらかの捕食者——に対して常に注意を払わなくてはなりませんでした。

　今日，わたしたちを傷つけるもの，わたしたちが警戒する対象は，身体に関わるものではなく，たとえば誰かに気持ちを傷つけられたなどといった，感情に関わるものです。でも，どうなったと思いますか？　わたしたちは依然として，自分を傷つける可能性のあるものに警戒するよう配線されているため，常に警戒態勢を取り，問題になりそうなものはないかといつも目を光らせています。そして，自分に危害を及ぼしそうだと思うものを見つけると，**闘争／逃走モード**と呼ばれる状態に入ります。

闘争／逃走モードとは？

　わたしたちの体は以下のように反応します。

- 何事かが危険だと気づく　→　大脳にメッセージが（ホルモンの分泌という形で）送られる　→　そこで大脳は（別のホルモン分泌という形で）大脳の基底部にある

下垂体にメッセージを送る　→　今度は下垂体が（そう，別のホルモン分泌という形で）副腎にメッセージを送る　→　その結果，副腎はさらにホルモンを分泌して，すぐにも闘争もしくは逃走できるよう，体を整える。

- 今すぐ食物を消化する必要はない（消化は最優先事項ではない！）ため，血液は消化器官から腕や脚へと，その流れを変え，わたしたちが走るなり闘うなりできるようにする。そわそわと落ち着かなくなり，胃のあたりが変な感じになるのはそのためである。

- 瞳孔が広がり，より多くを見られるようになる。

- 心臓がポンプ機能を高め，血液を腕や脚に届ける（ポンプ機能の高まりが拍動として感じられる）。

- 以上のすべてが展開する間，体温を正常に保つために汗の量が増えはじめるかもしれない。

　そして，なんと，脅威が本物でも，本物だと思っているだけでも，反応に違いはありません。いずれの場合も，体は同様に反応します。以下は，わたしが実際に体験したおかしな話です。

ある教師（わたし）のおかしな打ち明け話

　わたしはそのとき，ジムで運動用自転車をこいでいました。正面にスクリーンが付いているあれです。自転車を走らせる地形を選ぶことができ，走行中は「自分の自転車」が移動していく映像と走行距離，そのほかにも実にさまざまなものがスクリーンに表示され，運動中ずっと楽しめるようになっているあれです。その日わたしが選んだのは「アルプスの坂道」でした。左側には雪を被った峰々，右側には今にも崩れ落ちそうな断崖絶壁が続く，風の強い山道を，わたしは「走っていました」。ほんの一瞬，うわの空になったのでしょうね，スクリーンに目を戻すと，わたしは道から外れ，とんでもない距離をとんでもないスピードで死の谷底に向かって滑走しようとしていました。――と言うか，一瞬，本当にそうなっていると思ってしまったのです。すぐに，自分がジムの固定自転車をこいでいて，この上なく安全なこと，冠雪の峰や断崖などどこにもないことを思い出しましたが，それでも，わたしの心臓は早鐘を打ち，脈は急上昇していて，その一瞬の間，本当に恐怖に縮み上がったのです。そのあとは，もちろん，大爆笑しましたとも！

　というわけで，脅威が本物でも，本物でなくても，わたしたちはやはり，完全な闘争／逃走モードに入りうるのです。

　これは，わたしたちにとって何を意味するのでしょうか？

　わたしたちは，最悪の事態に備え，不意をつかれないようにするために，自分を傷つける可能性のある事柄（試験で赤点を取る，人前でばかなことをする等）について心配する傾向にあります。これは，**ネガティビティ・バイアス**と呼ばれるものです。肯定的なものより否定的なものを見がちだということです。このネガティビティ・バイアスのせいで，わたしたちは物事の実態をはっきり見るためには，必要以上の努力をしなくてはなりません。それに役立つのがマインドフルネスです。

　思い出してください。マインドフルネスとは，今この瞬間に起きている自分関連のことすべてに気づき，自分がどう感じているかに，関心と好奇心をもって注目することでしたね。ですから，マインドフルネスは，起きるかもしれないと恐れていることではなく，今**実際**に起きていることを自覚することによって，ネガティビティ・バイアスの傾向を無効にするのを助けるのです。

　えーと，ここで，ちょっとショッキングなニュースがあります。心の準備はできていますか？

　わたしたちは何事かを考えているとき，考えているその内容について，絶対確実に，そのとおりだと感じていますよね？　でしょう？

　でも，ちょっと待って。聞いてください。

　わたしたちが考えていることというのは，事実ではありません。

　そうなんです。わたしたちが考えていること——心に浮かび上がって頭を通り過ぎていくもの——は事実ではありません。それについて考えているとき，確かにそれは事実だと感じられるでしょう。よくわかります。でも，事実ではないのです。考えは，その人のネガティビティ・バイアスと恐れに管理されていることがよくあります。ですから，たとえば，**おれって，正真正銘のばかだ。だって，昨夜のパーティで底抜けのばかとしか思えないことを言っちゃったよ**というような自己批判があなたの頭に浮かんだとしても，これは，あなたが本当にばかだということではありません。その考えはおそらく，人にばかみたいだと思われることを恐れる気持ちに基づいたものでしょうし，あなたがそう思っているのは，ネガティビティ・バイアスが顔を出したということなのです。そうなるのはどうしてでしょう？　それは，あなたが心の奥深くで，人にばかだと思われて傷つくことから自分自身を守りたいと思っているからです。わかりますか？

　わたしが思うに，人はあなたの言ったことについては何も思っていません。というのも，誰しも**自分**の言ったことについて気をもんでいるからです。いずれにせよ，自分はばかだという考えや，人が自分のことをばかだと思っているという考えは，あくまでひとつの考えに過ぎず，心をよぎっていくものに過ぎません。まったく事実ではないのです！　それどころか，考えを「心の分泌物」と呼んでしまう人もいるくらいです（うぐっ！）。

　そんなわけで，マインドフルネスは，事実を見るのに役立ちます。ここに実際にあるものを見るのに役立つのです。マインドフルネスが身に付くと，**間を置く**ことができるようになり，やがて，反応する前に間を置くことを思い出せるようになります。動揺するようなことが起きたときに，ひと呼吸，ふた呼吸置いて，体の感覚に注目するようになります。ネガティビティ・バイアスに基づいた恐怖主動の考えが心の中に生まれたとき，それを認識し，そうした考えをひたすら観察して，いつしかそれらが，空を流れていく雲のように，次第に消えていくのを見守るのです。

　マインドフルネスでは，心を継続的に，今という瞬間に引き戻しつづけますが，そうすることによって，「闘争／逃走」反応への道に入るのを避けます。今に留まり，今のありのままをひたすら見ます。つまり，たとえば顔のニキビですが，「なんて醜くてでかいんだ」と自分もげんなりしているし，誰もがそれをじっと見て「みっともない」と思っているはずだと感じても，実は，それは顔にできた一個のニキビに過ぎないということです。あえて言うなら，少し盛り上がったピンクのシミといったところで，それ以上でもそれ以下でもありません。それに，いいですか，たいていは誰もそれに気づきもしません。でも，誤解しないでください。闘争／逃走反応は，本当にそれが必要な状況では，なくてはならないすばらしい機能です。ただ，日常の心配事に関しては，たいていの場合やり過ぎだと言いたいのです。言い換えると，ニキビはただのニキビに過ぎないということです。

　したがって，マインドフルネスを実践すれば，びびりまくって闘争もしくは逃走に突っ走ったりしないで済むようになります。今この瞬間に実際起きていることに留まっていられるようになるのです。

　マインドフルネスを実践する簡単な方法のひとつは，「身体感覚が今という瞬間に自分を引き戻す」ことを憶えておくことです。自分の体の感覚に注意を払っているとき，あなたはまさに今という瞬間にいます。それに，いいですか，不安も心配も，今という瞬間の中には存在しえません。

　マインドフルネスと瞑想の指導者ジョン・トラヴィスが言うように，「自分の体の中に心を留めておくのです」。

　それをするのに役立つエクササイズをふたつ，以下にご紹介します。これらは，特に，自分を不充分だと感じたり，自己批判をしてしまったりするような状況下──テスト関連，スポーツの試合終了後，友人関連など──で役立ちます。

やってみよう　足の裏

　このエクササイズは，マインドフルネスの研究者ニーブヘイ・シン博士のワークを少し変えたものです。

　このエクササイズ用の音声ガイドを http://www.newharbinger.com/39843 からダウンロードしてください。音声ガイドを使わない場合は，ゆっくり時間をかけて以下を行ない，その瞬間に起きていることにしっかり注目できるようにしましょう。全部やり終えるのに，少なくとも5分はかけてください。

　このエクササイズは，靴を脱いで行なうことをお勧めします。

1. 立ち上がり，床に接している足の裏の感覚に気づきましょう。足の裏全体に注目します。つま先にも，かかとにも，それから，中央部分が床に接しているかどうかにも注意を払いましょう。

2. 足の裏はどんな感じがしますか？　床は堅く感じますか？　それとも，柔らかく感じますか？　足に触れている床は冷たく感じますか？　温かく感じますか？

3. では，ゆっくり時間をかけて，ほんの少しだけ体を前に傾けましょう。こうすると，足の裏に生じていた感じはどう変化しますか？　じっくり時間をかけて，どのような感覚の変化にも注目してください。

4. 再びゆっくり時間をかけて，ほんの少しだけ——ほんの1cmか2cm——体を後ろに傾けましょう。足の裏に，これまでとは何か違うことが起きていることに気づきますか？

5. これを2，3回繰り返しましょう。体を前方にほんの少し傾けたのちに，後方にもほんの少し傾け，これを繰り返して，体をゆっくり揺らします。足の裏はどうなっていますか？

6. 今度は，体を右にほんの少しだけ傾けます。ここでも，足の裏の感覚に生じたいかなる変化にも注目してください。

7. つづいて，体を左にほんの少しだけ傾けます。足の裏には何か変化がありますか？

8. ゆっくり時間をかけて，これを2，3回繰り返しましょう。体を右に少しだけ傾けたのちに，左にも少しだけ傾け，これを繰り返します。足の裏には何が起きていますか？

9. では，ここで，膝を小さく何度か回します。足の裏の感覚が変化するのを感じましょう。

10. 再び集中して，足の裏に注意を向けつづけます。

11. 足の裏の小さな表面積が全身を支えている——これがどれだけ驚嘆すべきことかに，あなたは 1 分もすれば気づくかもしれません。すごいでしょう？　どうですか？　そして，たぶんすぐにも，足に感謝の気持ちが湧いてきて，一日中大変な仕事を続けてくれていることを，ありがたいと感じることでしょう。

このエクササイズをしているとき，もっとも印象に残ったことは何ですか？

_____

_____

_____

足の裏の感じに注意を払っているとき，何か否定的な感情——寂しさ，怒り，苦痛など——に気づきましたか？

_____

_____

_____

このエクササイズは，ただ立っているだけのときにも，やれそうだと思いますか？　（動揺を感じはじめたときに行なうと，とりわけ有用です）

_____

_____

_____

　このエクササイズでしたように，体の感覚に注意を向けているとき，注意は今という瞬間にあります。五感——聴覚，味覚，嗅覚，触覚，視覚——を，今という瞬間に向かって開くドアだと考えましょう。これらのドアをくぐり抜けるとき，わたしたちは頭の中にはいないことが多いものです。つまり，自分のさまざまな思考の中に留まっているのではなく，そうした思考を「手放している」のです。

　マインドフルネスのふたつめのエクササイズは，「足の裏」を変形したもので，足に注目する代わりに，何かに触れる行為に注意を向けます。多くのティーンがこれを気に入っています。

やってみよう　今ここにある石

　このエクササイズ用の音声ガイドを http://www.newharbinger.com/39843 からダウンロードしてください。

　このエクササイズでは，通常，よく磨いた小石を使います。どんな石でも大丈夫です。それどころか，ティーンたちは，別に石なんて必要ないとまで言います。石がないこともあるので，ブレスレットや指輪，ペン，鉛筆など，身近にあるものをなんでも使って，これを練習するそうです。そんなわけで，もしよく磨いた石がなければ，手のひらに収まるものを何か選んでください。

1. それを注意深く調べます。それのもつ色すべてに注意し，どのような色合いがあり，どのようなラインや傷が入っているかに気づきましょう。光をどう反射しているか，あるいは，反射していないかにも注目してください。

2. 次に形と感触に注目します。それはツルツルですか？　ザラザラですか？　ひょっとしたら，その両方を少しずつ感じますか？　全体が同じ感じですか？　これは，目を閉じてするほうがうまくできるでしょう。自分が感じていることとつながりやすくなるからです。

3. 触ると，冷たく感じますか？　温かく感じますか？

4. それには，においがありますか？　もしあるなら，どんなにおいですか？　心地よいにおいですか？　不快なにおいですか？

5. じっくり時間をかけて，それをよく知ってください。その特徴をしっかりつかみ，もし似たようなものの山に紛れ込んでも，すぐに見つけられるくらいになりましょう。

自分の「それ」を調べている間，どんな考えが頭に浮かんできましたか？

_____

_____

気持ちが動揺するような考えが浮かびましたか？　（当てはまるものを丸で囲みましょう）

　はい　　　　　いいえ　　　　　　憶えていない

　体の感覚は今という瞬間への扉であることを忘れないでください。感触やにおい，外見などに集中していると，厄介な考えを手放しやすくなります。

ティーンの言葉

わたしはこの「今ここにある石」がすごく好きでした。そう，特に飛び級試験のとき，かな。石をもってったんですけど，もうびっくりするくらいでした。本当に助かりました。

わたしが「今ここにある石」を気に入っているのは，本物の石でなくても，ほかのものを使ってちゃんとできるってところです。たとえば，自分の手とか――。なんか変なのはわかるけど……。

ぼくは学校でいつもやってるよ。教室を移動するときとかでも，もしストレスを感じていたら，木でも壁でも，何かひとつ決めてそれに注目するんだ。そうすると，ストレスの元になってることから注意がそれて，とにかくそれだけに集中できる。おもしろいよ。

反芻思考

　未来に起きるかもしれないことを心配したり，すでに過去に起きてしまったこと——もはやどうしようもないこと——をくよくよ思い悩んだりする行為は，反芻思考と呼ばれています。反芻思考を繰り返すのは時間の浪費です。ここまで紹介してきた練習は，この時間の浪費をストップするのにも役立ちます。

　反芻という言葉は，牛が餌を胃から口に戻して繰り返し咀嚼する運動を言うときにも使います。わたしたちは同じことを繰り返し考えつづけるとき，これと同じことをしています。たとえば，わたしって，どうしてこんなに醜いの！　恋人なんて一生できないわ！とか，おれ，なんでこんなに頭が悪いんだ！　大学に入れっこない！などと，何度も何度も同じことを考えます。ですから，反芻思考は普通，あまり自分に優しいものではありません。それに，いいですか？　多くの研究調査によれば，反芻思考は抑うつ状態と結びついています。頻繁に反芻思考する人は，抑うつ状態も進みがちです。どうしてそうなるかと言えば，人は反芻思考するとき，やってしまった失敗や間違いについて思い悩んだり，将来起こるかもしれない悪いことばかりを心配していたりすることが多いからです。

　マインドフルネスの助けがあれば，反芻思考をやめて，今という瞬間に留まっていられるようになります。自分が反芻思考をしていることや，動揺するようなことを考えていることに気づいたとき，すぐに実践できるマインドフルネスの練習を，以下にもうひとつ，ご紹介します。これは自分自身を落ち着かせるのに役立つため，セルフ・コンパッションの練習にもなります。これも，多くのティーンのお気に入りです。何しろ，音楽付きですから。

やってみよう　音楽を聴いて瞑想する

　この瞑想のための音声ガイドを http://www.newharbinger.com/39843 からダウンロードしてください。この瞑想にかかる時間は，使う音楽の長さ次第です。音楽はあなたが自分で選びましょう。

1. まず，リラックス効果のある音楽で，歌詞のないものを見つけましょう。歌詞が入っていないというのが重要なポイントです。なぜなら，歌詞があると，それをきっかけにして，あれこれ考えはじめてしまうからです。考えない状態を継続して，聴覚だけを働かせつづけてください。多くのティーンが喜多郎の『シルクロード』の音楽をとても好んでいます（https://www.youtube.com/watch?v=p5n57OSe8tw）。

2. 次に，楽な姿勢を取り，横になるか，座るかしましょう。必ず，心からリラックスできると思える場所で，そうしてください。目は，閉じたかったら，閉じてかまいません。

3. 音楽を流し，その音楽に細心の注意を払います。曲調に耳を傾け，音楽から離れないようにして，そのテンポ，旋律の上下動，上昇下降をひたすら聴きましょう。

4. 気持ちがそれて，自分が何かを考えていることに気づいたら（これはいずれどこかで起こりうることです），すぐ，その音楽の曲調に注意を引き戻します。

5. この状況が発生したら——心がさまよい出たら——その都度すぐ，注意をそっと音楽に戻しましょう。

これをやり終えてみて，もっとも印象に残ったことは何ですか？　それはどんな感じでしたか？

_____

_____

_____

途中どこかで考えが浮かんできたことに気づきましたか？　そのとき，注意を音楽に戻すことができましたか？

_____

_____

考えごとをしていることに気づいたら，音楽の音に注意を戻す——この習慣が身に付くのには，時間がかかります。そして，忘れないでください。心がさまよい出るのは悪いことではありません。ごく自然なことです。そうなっていることに気づいたら，その都度すぐ，注意をそっと音楽に戻しましょう。

ティーンの言葉

ぼくは，音楽を聴きながらする瞑想が本当に大好きだ。だって，これのおかげで，音楽を聴くたびにそれができるって，わかったわけで，ぼくはいつも音楽を聴いているから，つまり，それって，毎日24時間落ち着いていられるってことになる，みたいな……。

　反芻思考のほかにもうひとつ，悩ましい厄介事に対する反応の仕方として，それを回避するというやり方があります。これは，抵抗と呼ばれています。抵抗はマインドフルネスとは逆の働きをします。なぜなら，マインドフルネスは物事をありのままの形で認めるのに対し，抵抗は，今の状態について，別のものであってほしいと望んでいるということだからです。

　抵抗は，自分自身と自分の体験を裁きます。頭のどこかで例の小さな声が，「わたしったら，何を言ってるんだろう？　こんなにダメなわたしじゃ，みんなと付き合えないよ！」とか，「ああ，くそっ！　あの試合，なんであんなヘマしちゃったんだ！　あのゴール，決めなくてどうするんだよ！　チームの期待を裏切っちまった！　おれって，どうしようもないクズだ！」などと言います。

　では，これはいったい何を意味しているのでしょう？　たとえば，これまで何カ月間もリハーサルを続けてきた演劇に出演したとしましょう。あなたは主役でこそありませんが，けっこう良い役です。そして，キャストのひとりということで，みんながあなたを頼りにしています。たいへん盛り上がって初演の夜を迎え，ついにカーテンが上がりました。あなたは第一幕二場の途中で舞台に出ていき，すでに舞台上にいた主役と向き合いました。そして，さあセリフを言おうと，口を開いたときです。どうしたことか，何も出てきません！　セリフがすっかり飛んでしまったのです。主役はあなたの顔を凝視し，完全にパニックに陥っている表情を浮かべています。あなたはただもう，どもるばかりで……。

　あなたはそのあと，セリフを忘れてしまった自分を責めつづけます。出演者全員の期待を裏切ってしまったと感じています。みんなが，「大丈夫だよ，よくあることだから」と何度言ってくれても，あなたはとんでもない失敗をしてしまったと思い込んだままです。抵抗が生じると，自分自身を責め立て，すでに起きてしまった何か——率直に言えば，もはやどうしようもない何か——を変えたいと思うのです。ということは，抵抗しなければ，起きてしまったことはもう済んだこととして，あと戻りはできないのだと，素直に事実を認めるようになるはずです。

　たいていの場合，わたしたちは自分の人生が今の状態であることに抵抗します。教師たちや両親に変わってほしいと思っていますし，自分自身も変わりたいと思っています。た

ぶん，友人たちには自分に対する態度を変えてほしいと思っているでしょう。あるいは，少なくとも，宿題をもっと減らしてほしいとは思っていることでしょう。物事をそのままにして，ありのままを受け入れるということは，それらが変わらないということではありません。変わることもあるでしょう。でも，それらの**今の在りよう**に対する抵抗は，自分の不幸を増やす原因になるだけです。それに，それらの変化を促すために何もできないわけでもありません。何かをすることはできます。でも，今の状況を別のものにしたいと思うとき，あの時点に戻って，ちゃんとセリフを思い出したいと願うとき，わたしたちは実際，その抵抗によって不快感を大きく増幅しています。

　だからこそ，わたしたちが抵抗することは，しつこく続くのです。

　そして，自分には価値がないと思う気持ちや怒りなどの不快感について言えば，抵抗は間違いなくその不快感をいっそう長引かせます。

90 秒ルール

　わたしたちがなんらかの感情を——良い悪いにかかわらず，いかなる感情であれ——感じると，その感情を担当する脳内化学物質は 90 秒間体内に留まるということが，脳の働き方からわかっています。そうなんです！　怒りを感じはじめた時点から，「怒りの化学物質」が体からなくなるまで，ちょうど 90 秒なんです。でも，変じゃありませんか？　誰だって，90 秒よりずっと長く怒りつづけていますよね！

　どうしてこのようなことが起きるのでしょう？　どうしてわたしたちは，90 秒より長く怒りつづける（つらい，悲しい，イライラすると思いつづける）のでしょう？

　それはたぶん，同じことをまた考えるからでしょう。**彼女のせいで，本当に腹が立つ！あんなこと，わたしに言っていいわけがない！　彼女にそんな権利，あるわけない！本当に不愉快！**といった具合にね。そうなると，怒りの化学物質がまた分泌されるため，再び 90 秒間，怒りつづけるのです。

　そうして同じことを考えつづけるかぎり，怒った状態はいつまでも続きます。

　たぶんずっと長く，そうなります。

　では，マインドフルネスはどのように役立つのでしょう？

　マインドフルネスでは，考えが浮かんできても，その都度，その考えを「放っておき」，注意を向けている対象に戻ります。**放っておく**というのは，簡単に言えば，その考えが流れ去るのを眺めていると想像するという意味です。大空を漂う雲がやがて見えなくなるのを見ているような感じです。今という瞬間へのアンカーとして注意を集中させる対象には，しばしば呼吸が用いられます。呼吸は，誰もが必ずしていて，探す必要がないからです。

　次の「やってみよう」では，呼吸を使ったマインドフルネスを練習します。このエクササイズは，マインドフルネスの中核とも言うべきエクササイズなので，毎日時間を確保し

て行なってください。

　始める前に，今あなたがどんな気持ちでいるかを調べましょう。下の円に，あなたが感じている「良い気分」の分だけ，陰影をつけてください。つまり，もし最低最悪の気分なら，何も描き入れません。最高の気分なら，円全体に陰影を描き入れます。ところで，「良い気分」がどういうものか，あなたは説明できるようになりましたか？

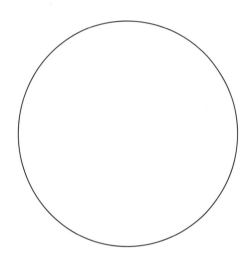

やってみよう　マインドフルに呼吸する

　この瞑想用の音声ガイドは http://www.newharbinger.com/39843 からダウンロードすることができます。どの瞑想でもそうですが，これもゆっくり行ない，たっぷり時間をかけて，自分の呼吸を感じることが重要です。全部をやり終えるには，少なくとも 10 分から 15 分はかかります。

1.　クッションの上か椅子に，楽な姿勢で座りますが，もっとも大切なことは，気づきと注意を維持できるような姿勢を見つけることです。猫背になって座るのではなく，背筋をまっすぐ伸ばして座りましょう。そのほうが注意を維持するのに役立つからです。座る代わりに，長椅子か床に横になってもかまいません（ただ，眠ってしまわないように気をつけてください）。

2.　目は，開いていても閉じていてもかまいません。目を開いた状態でする場合は，120cmほど先の床の一点を選び，そこから視線を動かさないようにします。にらみつける必要はありません。床のその一点を「ぼんやり見つめる」感じで，視線を留めておきます。

3.　2，3 回，ゆっくり呼吸をします。自分の呼吸がもっともよくわかるところで，呼吸に注意を払ってください。その位置は，息を吸い込むときの鼻先かもしれませんし，息を吐き出すときの口元かもしれません。また，息が通過するときの鼻孔だったり，胸あるいは横隔膜の動きだったりするかもしれません。横になっている場合は，横隔膜——胸郭の真下あたり——に両手を置きましょう。そうすれば，呼吸するたびに，横隔膜の上下の動きを実際に感じることができます（呼吸がもっともよくわかる位置は，時間をかけて見つけましょう）。

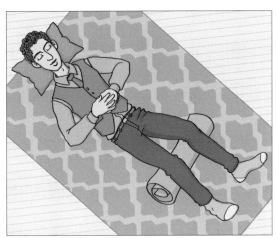

4. 息を吸いはじめてから吐ききるまで，ずっと呼吸を感じていられるか，チェックします。呼吸の動きや呼吸の温度だけでなく，呼吸の質にまで，よく注意しましょう。

5. 心がさまよい出すのは，よくあることで，それに気づいたら，注意をそっと呼吸に戻します。何度そうしたとしても，心配は要りません。心がさまよい出すのは，ごく自然なことです。それが心の仕事なのです。ですから，そうなったときは，ただそっと，自分を裁くことなく，呼吸に注意を戻しましょう。

6. 呼吸の上下動と共に自分の体が静かに動いて──まるで海のように動いて──呼吸しているのを感じてください。

7. リラクセーションを促す呼吸の特質を楽しんでください。その感じは，温かな毛布の感触を楽しむのに似ているかもしれません。さらにあと２，３分，これを続けましょう。

8. 自分の呼吸を感じながら，心がさまよい出しているのに気づいたら，そっと呼吸に戻ります。

9. ２，３分経ったら息を吐ききり，自分が気づいたことすべてを，今はただ，ありのままに認めます。

10. 少し時間を取り，今自分がどう感じているかに注意を払います。

11. ゆっくり静かに目を開きます。

　では，今あなたがどう感じているかを見てみましょう。下の円に，あなたが感じている「良い気分」の分だけ，陰影をつけてください。

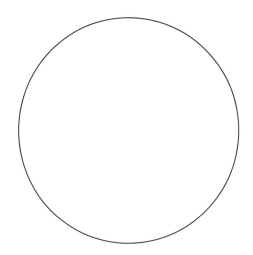

　ティーン向けマインドフルネス・プログラムに，「呼吸の学習（Learning to BREATHE）」と呼ばれているものがあります。その作成者トリッシュ・ブロデリックは，ミニ・バージョンの「3回呼吸」を提案しています。「3回呼吸」というのは，たとえ何が起きようとも，たとえストレスを感じていなくても，日に3回，マインドフルな呼吸をその都度，3回ずつするプログラムです。

　簡単に憶えられるでしょう？　日に3回，マインドフルな呼吸をその都度3回ずつするのです。これは本当に効果があると，たくさんのティーンから報告を受けています。

　自分を批判する考えが浮かんできたことに気づいたら，すぐにこの「マインドフルに呼吸する」のミニ・バージョンを活用しましょう。マインドフルな「3回呼吸」を試すなら，音声ガイドを http://www.newharbinger.com/39843 からダウンロードしてください。

> ## ティーンの言葉
>
> 「3回呼吸」──わたしは何かをしなくてはならない状況になったとき，いつもこれを使います。めちゃくちゃ怒ったとか，そういうときには，とにかくまず呼吸を3回して，呼吸のことをひたすら考えつづけると，落ち着けるみたいです。
>
> わたしはパニック発作と過呼吸が起きるようになったので，そのとき，呼吸のエクササイズを試してみたら，効果がありました。
>
> 「3回呼吸」はそんなに時間がかかりません。学校のテストやスポーツ競技のときは，腰を下ろして瞑想するような時間をそんなに取れないから，呼吸法は，気持ちを落ち着かせて，また状況を正しく捉えられるようにするのに，とても良い方法です。

　あなたは，日に3回，3回ずつ呼吸する「3回呼吸」が，普段の自分のルーティンのひとつになったところを想像できますか？（当てはまるものを丸で囲みましょう）

　　　　　　　　　　はい　　　　いいえ　　　　まだ考え中

　本章は，ティーンのもうひとつのお気に入りで，安らぎ効果のあるエクササイズで締めくくろうと思います。それは「思いやりに満ちたボディ・スキャン」と呼ばれていて，エクササイズ「足の裏」の拡大版とも言えるものです。「足の裏」とひとつ違うのは，これが「フォーマル・プラクティス」〔訳注：毎日時間を確保していつも決まったやり方で行なう練習〕だという点です。ですから，毎日きちんと時間を──少なくとも10分から15分は──取って行なわなくてはなりません。これには，マインドフルネスとセルフ・コンパッション双方の要素が入っています。やってみて，どう思うか見てみましょう。
　でも，まずは，今あなたがどう感じているかを調べましょう。自分が今，全体的にどんな気分かを示す位置に，×印を付けてください。

最悪の気分。　　　　　　　　　　　　　　　　　　　最高の気分！
ストレスだらけ。　　　　　　　　　　　　　今日もすてきな一日だった！
どうしようもなく不快。

　今感じていることについて，もっと言いたいことがありますか？　具体的であればその分，今の感じ方とボディ・スキャン後の感じ方をしっかり比較できます。

_____

_____

やってみよう　思いやりに満ちたボディ・スキャン

　このエクササイズ用の音声ガイドを聴きたい場合は，http://www.newharbinger.com/39843 からダウンロードできます。このエクササイズは，ゆっくり時間をかけて行なうことを忘れないでください。やり終えるには 15 分ほどかかりますが，もし延長したければ，もっと長く時間をかけてもかまいません。

1. まず，床に仰向けに寝ましょう（このエクササイズはベッドの上でもできますが，床の上のほうが少し楽です）。腕は体から 15cm ほど離して，側にそっと置き，脚は自然に伸ばしておきます。全身がその状態で横たわっていて，床に支えてもらっていることに気づいてください。

2. ここで，注意を呼吸に向け，息が静かに体を出入りしていることにはっきり気づけるかどうか，チェックしてください。息を吸うたびに，胸がどれくらい上がるか，息を吐くたびにどれくらい下がるかに注目しましょう。胸郭の下にある横隔膜のあたりが，呼吸のたびにどう動くかにも注意を払ってください。呼吸をするたびに，体が床に少しずつ沈み込んでいく感じを味わいます。もしお望みなら，このエクササイズをしながら，片手を心臓の上に置いて，自分自身に優しくすることを思い出せるようにしてもいいでしょう。胸に置いた自分の手の温かさを感じながら，リラクセーションを促すような深い呼吸を 2，3 回します。そのあとは，再び腕を体側に戻しても，そのまま手を胸に置いておいてもかまいません。

3. 次に，注意を，足の裏に移します。足の裏に感じている感覚があれば，どんなものであれ，それに注目しましょう。それは温かいですか，それとも冷たいですか？　乾いていますか？　湿っていますか？　もう少し時間をかけて，足の裏に感じている感覚にしっかり注意を払いましょう。

4. さて今度は，注意を，足の甲に移します。まさに今そこに生じている感覚があれば，それに注目します。それは，むずむずする感じかもしれませんし，履いている靴下の肌触りかもしれません。あるいは，何も感じないかもしれません——どういう感覚であれ，それをそのまま感じましょう。不快感，あるいは痛みまであるようなら，科学者が観察するようにその体験を自分で調べられるかどうか，チェックしましょう——そして，そこに温かなタオルを当てている様子を想像して，心の中で，その部位の感覚を和らげるといいかもしれません。そのあと，その部位の感覚がほんの少し和らいでいくのを，心の中で観察します。

5. ではここで，自分の足にちょっと**感謝**します。自分の足について考えましょう。足の表面積はこんなに小さいのに，一日中全身を支えてくれています。すごくありませんか？　それほど働いてくれているのに，めったに足に注意を向けることはありません。ですから，少し時間を取って，足に感謝しましょう。今日，足の調子が良いなら，そのことにも感謝しましょう。

6. 息を吸い込みながら，注意を，片方の足から足首，ふくらはぎ，むこうずねへと移していきます。同様にして，もう片方でも，足から足首，ふくらはぎ，むこうずねへと注意を移します。必ずたっぷり時間をかけて，足首とふくらはぎとむこうずねの感覚に注意を払ってください。そのようにしながら，体の各部位が自分のためにどれだけ働いてくれているかにも，気づきましょう。

7. 心がさまよい出していることに気づいたら，とにかく体の感覚に戻ることです。心がうろうろさまようのはごく自然なことなので，それを裁く必要はないことを忘れないでください。さらに，自分が体の特定部位を裁いていることに気づいたら，再び心臓の上に手を置き，静かに呼吸をして，自分自身に優しくすることを思い出しましょう。そうした裁きや批判を聴くのはつらいことだからです。そして，体の感覚に戻ります。

8. さて，もう一度両脚に戻ります。そして，圧迫感，もしくは床に接している部分の感覚にひたすら注意を向けます。接触部分はどんな感じですか？　圧迫感や不快感はありますか？　ほかに，何かありますか？　少し時間をかけ，自分の脚がどのように動き，どのようにして自分を自分の行くべきところに運んでくれるのかに気づきましょう。

9. 息を吸い込みながら，また注意を移動させます。今度は，膝_{ひざ}，太もも，腰へと移動させ，何か感覚があれば，それらすべてに注目しましょう——そして，間を置きます。たぶん，何かを裁こうとする考えが浮かんでくるでしょう。もし浮かんできたら，今ここにある何がそうした考えをさえぎってくれるのかに気づき，その裁きの声を聞くのがどれだけつらいかを自覚してください。よかったら胸に手を置き，自分は優しさに値する存在であるこ

と，まさに今この瞬間，あるいは必要なときにはいつでも自分自身に優しくしていいことを思い出しましょう。

10. つづいて，注意をおなかに移して，自分の体が呼吸していることに気づいてください。呼吸するたびに，胸が広がり，収縮するのを感じながら，息を吸うたびにどれだけ体が育まれ，息を吐くたびにどれだけ体が鎮められているかに気づきましょう。この育みと鎮みを楽しみながら，自分の胃がどれだけけんめいに働いて，常に食べ物を消化しているかにも気づきましょう。

11. さあ，今度は，注意を胸に移し，呼吸するたびに肺が広がっていることに気づいてください。たぶん，心臓の拍動も感じられるでしょう——その心臓はあなたのためだけに拍動しつづけてきたのです！　誕生する前から——まだ子宮にいたときから——ずっと拍動していて——それから一度も止まったことがありません。すべてはあなたのためです！　ですから，少し時間を取り，この心臓に——そして肺に——その働きのおかげで自分は生きていられるのだと感謝しましょう。

12. 次は背中に注意を移し，背中全体が床に支えられていることに注目し，その背中に生じている感覚があれば，そのすべてに気づいてください。背中のどの部分が床に触れていて，床と接しているまさにその部分はどんな感じがしているかに注意を払いましょう。何に気づきますか？　どんな感じがしていますか？

13. 息を吸い込みながら，注意を両腕に移し，さらに手首，手，指へと移していきます。ある部位から別の部位に移動しながら，まさに今ここで生じている感覚すべてに，何度でも繰り返し気づいてください。むずむずしますか？　皮膚の上を空気が流れていきますか？　温かさや冷たさはどうですか？　まさに今，腕，手首，手，指の何に気づいていますか？

14. つづいて注意を，首，喉，頭へと移していきます。首と頭にどんな感覚があることに気づきますか？　圧迫感があるかもしれませんね。不快感はどうですか？　この首は一日中頭を支えてくれています。この喉のおかげで，話ができ，ものを飲み込むことができ，呼吸ができています。頭と頭蓋骨は途方もなくすばらしい脳を収容していて，目のおかげで見ることができ，鼻のおかげで呼吸ができ，口のおかげで話ができ，耳のおかげで聞くことができています。そう，四六時中自分の体の中で続けられているこのすばらしい働き——気づいてもいないことが多いその働き——や，それらと同調して働いて，自分を生かしつづけてくれているその他のあらゆる部位に，とにかく気づきましょう。本当にすごい働きをしてくれています。

15. では，もし心臓の上に手を置くことが自分に効果があるなら，再びそうしてください。そして，今自分がここにこうしていることや自分の体のあらゆる働きを思い，それも，自分が自分であり，自分にその価値があるからこそだと自覚して，自分自身にいくらかの愛を捧げましょう。

16. それが済んだら，静かに目を開き，ゆっくり伸びをして右を向き，体を起こします。

　では，今，あなたがどう感じているかを調べましょう。

最悪の気分。　　　　　　　　　　　　　　　　　　　　最高の気分！
ストレスだらけ。　　　　　　　　　　　　　　今日もすてきな一日だった！
どうしようもなく不快。

　今の自分の感じや，自分にとって「思いやりに満ちたボディ・スキャン」がどんな感じだったかについて，もう少し，以下に書いておきましょう。

> ### ティーンの言葉
>
> 仮眠を取っている感じでした。どのくらい続いていたんだろう？　15分くらいかなあ。何時間もしていた気がします。

　このボディ・スキャンでは，体の各部位での感覚に気づくことを重視しています。それが，マインドフルネスの実践になっているのです。でも，同時にセルフ・コンパッションの練習にもなっているのは，そうした各部位に，それらが受けるに値する心遣いをしながらアプローチし，それらが自分のためにしてくれていることすべてにちょっとした感謝の気持ちを抱くからです。
　ボディ・スキャンについては，少々注意していただきたいことがあります。心地よくなって，つい眠り込んでしまいやすいということです。眠り込んでしまうことが悪いと言っているのではありません。わたしも，眠るのは大好きなことのひとつです。ただ，まだ宿題

が残っていたり，出かける予定があったりするなら，別の瞑想にするほうがいいでしょう。もしくは，アラームをセットしておきましょう。

どう思いましたか？

　本章を読み終えたあと，どう思いましたか？　以下にいくつか，考えるヒントを挙げておきます。

- どうして自分の体は，脅威だと思っていることに——実際にはそれが脅威ではなくても——反応するのだろう？
- 心がふらふらとさまよい出るのは，自分の安全を守るためであり，時に否定的なことをくよくよ考えるのは，自分を傷つける可能性のあることに対する準備をしようとしているためだなんて，思ってもみなかった。なんという心配りなの！
- 考えは事実では**ない**？！　すごいショックだ！
- この章にある活動と瞑想のうち，これからの自分の人生で，実践できるのはどれだろう？
- そうなるようにするには，どうしたらいいんだろう？

　本章に対する自分の反応を，下の余白に文字や絵で記録しておきましょう。

ま と め

　マインドフルネスとは，好奇心をもって自分の体験を見つめることです。頭の中で駆け回る思考やストーリーを放っておくことです。なぜなら，そうしたストーリーはしばしば恐れから発生しているからです。これは，まったく本人が悪いのではなく，そのように配線されているのです。わたしたちは，幸せのための配線ではなく，生き残るための配線を組み込まれているのです。ですから，そうした恐れに基づくストーリーを放っておき，物事をはっきりと見定めて，自分自身に優しくできるようになるためには，特別な努力をする必要があります。それに，いいですか？　わたしたちはこれに関して，独りぼっちではありません。これは，誰にでも起きることです。だって，わたしたちはみんな，人間ですからね。

　次の章で紹介する方法を使えば，誰もがこれに関しては一緒だということ，誰もが皆，恐れや疑い，不安，自分が平均以下だという思いにもがき苦しんでいるのだということが，よくわかるようになります。わたしたちは皆，自分が負け犬だと感じる瞬間を体験しますが，喜びの瞬間やわくわくする瞬間も体験します。ですから，もしあなたにもこの感じが少しでもわかるのなら，さあ，ページを進めましょう。

第6章

わたしは独りぼっちじゃない
独りぼっちのような気がしても，
本当はそうじゃない！

　あなたは今，学校の廊下を歩いています。目に入る誰もが冗談を言い合い，大笑いし，互いに楽しんでいるように思えます。誰も彼も，友だちがたくさんいて，たぶん成績も良いだろうし，たとえ良くなくても，それについて特に気にしているふうでもありません。みんな，交際相手がいて，いろんなパーティに招待されています。そして，あなたは，と言うと……。こう思っています。「あたしったら，鼻先に大きなニキビができちゃったし，今日は朝からほんとについてない。親友があたしに話しかけてこないのは，どうしてだろう。ランチのテーブルでも，友だちは彼女には話しかけてた気がするけど，あたしには話してこなかった。あたしの想像に過ぎないのかな。ううん，そうは思えない。みんな，お互いに小声でなんか言ってる気がする。とにかく変な感じ……。それだけじゃない，今朝，歯列矯正の診察で矯正を外してもらえると思っていたのに，こんなみっともないもの，あとまだ3カ月も付けてなくちゃいけないだなんて！　ってことは，写真撮影の日，矯正は付けたままになる**はず**で，それはつまり，あたしは撮影のときにっこりできないってことで，すごく惨めったらしく映るってことじゃない！　でも，もういいわよ。だって，どうせあたしなんか，この先惨めになるって**決まってる**んだから」

　どこかで聞いたような話だと感じますか？　もしそうなら，あなたは独りぼっちではありません。わたしを信用してください。わたしがこれについて書いているのは，たいていのティーンがこのような思いに覚えがあるからです。ですから，本書を読んでいる世間のティーンがみんな，「わっ，何これ，わたしのこと，書いてる！　そのまんまじゃない！」と心の中で言っている様子を想像してみてください。ね？　あなたと同じように感じているティーンは，世の中に山ほどいます。鼻先にニキビができたことであれ，夢見た大学に入れないことであれ，絶望や

傷心，不安，悲しみなどの感情は，今あなたと同じ体験をしている世間の無数のティーンも抱えています。つまり，これが，**共通の人間性**の意味するところであり，本章が語ろうとしていること——あらゆるティーンは同種の感情をもち，同種の体験をするということ——でもあるのです。そして，実は大人も同じ感情をもち，同じ体験をします。わたしたちは皆，この「救命ボート」に乗り合わせているのです。

ティーンの言葉

誰もが本当は同じような感情の問題やら何やらを抱えているのだとわかって，セルフ・コンパッションの扉が本当に開いた気がする。それに，みんな，そのことを話さないし，そんな問題があるようには振る舞わないけれど，実際は悩んでいるんだとわかったのは，良かったと思う。なんかこう，慰められる，みたいな……。

どんな気持ちになっているにしても，そういう気持ちになっているのは独りだけじゃない。ほかにも誰か，同じように感じる人がいるだろうし，そういう気持ちがどこから来ているのか，わかっている人もいるはずだ。誰にも理解してもらえないと思っても，実は，わかってくれる人がきっといる。

　では，そういう気持ちになったとき，どうすればいいのでしょう？ 「自分は独りぼっちだ」「自分だけが，こんなにバカなんだ／くだらないんだ／醜いんだ／出来損ないなんだ／この世のクズなんだ」などと感じたとき，どうすればいいのでしょう？
　まず，以下を思い出してください。

- このように感じるのは，ティーンならごく普通のことである。あらゆるティーンが，いつかどこかでそういうふうに感じるし，たいていのティーンは，頻繁にそう感じるものである。それどころか，大人も時々そう感じるのだから，これは，人間ならではの体験である。
- 単にそう考えるからと言って，それが真実だということにはならない。考えは**事実**ではない。考えはあくまで考えである。

そして，もっとも大切なのはこのことです。

- 自分が抱えているこうした厄介な感情や体験が人間だからこその体験であることを思い出すために，実践可能なエクササイズがいくつかある。

　まず，そのひとつをご紹介しましょう。このエクササイズには，「わたしとまったく同じだ」という名前が付いています。元々，陳一鳴（チャディー・メン・タン）が創案したものですが，わたしが使ったのは，わたしの同僚トリッシュ・ブロデリックの著書『呼吸の学習（*Learning to BREATHE*）』にあるものです。このエクササイズを行なうと，他者が自分ととてもよく似ていること，皮肉なことに，わたしたちは必ずしもそれに気づいていないことが，ほんの少しわかるようになります。このガイド付きの瞑想は，まず，自分のクラスメートの中から，誰かひとり（ニュートラルな位置づけの人）を任意に選び，次に，人気者を選び，最後に，自分を悩ませている人を選んで行ないます。

やってみよう　わたしとまったく同じだ

　ほかの瞑想同様，音声ガイドを使って行なうのがベストです。音声ガイドは，http://www.newharbinger.com/39843 からダウンロードできます。ガイドを使わない場合は，必ず充分に時間をかけて，ゆっくり読んでください。各説明の内容についてしっかり考えましょう。速くやり終えても，なんの賞も出ないことを忘れないでください。

ステップ１

　クラスメートの中から，任意にひとり選んで，その人のことを考えます。友だちでなくてもかまいません。それどころか，無作為に選ぶほうがいいでしょう。

　その人物について，自分がどう感じているかを表す言葉や言い回しを調べましょう。

その人について特に考えることはない	かなりカッコいい
ちょっとイライラする感じ	すごくイライラする
けっこう自分と似ている	うぐっ！
これまであまりはっきり存在に気づいていなかった	すごくカッコいい
まあまあかな	その他 ＿＿＿＿＿＿＿＿＿＿

1. リラックスできる楽な姿勢を取ります。

2. 心の中に，この人物に関する良いイメージを描こうとしてください。そのクラスメートはどんな外見ですか？　どんな表情をしていますか？　どんな服装をしていますか？

3. この人物について，いくつかの点をよく考えましょう。

　　　　この人は人間で，わたしとまったく同じだ。
　　　　この人には心と体があり，わたしとまったく同じだ。
　　　　この人には感覚と感情と思考があり，わたしとまったく同じだ。
　　　　この人は時に，悲しんだり，失望したり，怒ったり，傷ついたり，混乱したりして，
　　　　　わたしとまったく同じだ。
　　　　この人は苦痛や不幸から解放されたいと思っていて，わたしとまったく同じだ。
　　　　この人は，安心していたい，健康でいたい，人から愛されたいと思っていて，わたし
　　　　　とまったく同じだ。
　　　　この人は幸せになりたいと思っていて，わたしとまったく同じだ。

4. 今度は，この人物のために優しく祈ってみましょう。

　　　　この人が強さとリソースと支援に恵まれ，人生のつらい時期を乗りきっていけますよ
　　　　　うに。
　　　　この人が痛みと苦しみから解放されますように。
　　　　この人が強くてバランスの取れた人でありますように。
　　　　この人が幸せでありますように。なぜなら，この人は同じ人間であり，わたしとまっ
　　　　　たく同じだから。

5. 深呼吸を2，3回して，自分の体験に注意を払います。少なくとも2分間はじっとここに
　　座ったまま，自分がどう感じているかを考えましょう。

　では，この人物のことを自分が今どう感じているかについて，何か気づいたことはありますか？
　どう感じているかを表している言葉や言い回しを丸で囲みましょう。正直になってください。
誰もチェックはしませんから。

　　その人について特に考えることはない　　　　　　　かなりカッコいい
　　ちょっとイライラする感じ　　　　　　　　　　　　すごくイライラする
　　けっこう自分と似ている　　　　　　　　　　　　　うぐっ！
　　これまであまりはっきり存在に気づいていなかった　すごくカッコいい
　　まあまあかな　　　　　　　　　　　　　　　　　　その他 ＿＿＿＿＿＿＿＿＿＿＿

この人物に対する感じ方に何か変化があった場合，どうしてその変化が生じたと思いますか？

_____

_____

ステップ2

　ここでもステップ1と同じことをしますが，今度は，校内一の人気者について考えます。あなたから見て，すべてが順調に進んでいて，友だちをたくさんもち，なんでもうまくかわしているように見える人物を選びましょう。

　心の中に，この人物に関する良いイメージを描きます。美しい髪……シミひとつない肌……周りに集まっているたくさんの友だち。

　では，今心の中に描いた人物について，ステップ1と同じ手順で，「わたしとまったく同じだ」をしていきます。

　1．リラックスできる楽な姿勢を取ります。

　2．心の中に，この人物に関する良いイメージを描こうとしてください。そのクラスメートはどんな外見ですか？　どんな表情をしていますか？　どんな服装をしていますか？

　3．この人物について，いくつかの点をよく考えましょう。

　　　この人は人間で，わたしとまったく同じだ。
　　　この人には心と体があり，わたしとまったく同じだ。
　　　この人には感覚と感情と思考があり，わたしとまったく同じだ。
　　　この人は時に，悲しんだり，失望したり，怒ったり，傷ついたり，混乱したりして，
　　　　わたしとまったく同じだ。
　　　この人は苦痛や不幸から解放されたいと思っていて，わたしとまったく同じだ。
　　　この人は，安心していたい，健康でいたい，人から愛されたいと思っていて，わたし
　　　　とまったく同じだ。
　　　この人は幸せになりたいと思っていて，わたしとまったく同じだ。

4. 今度は，この人物のために優しく祈ってみましょう。

　　この人が強さとリソースと支援に恵まれ，人生のつらい時期を乗りきっていけますように。
　　この人が痛みと苦しみから解放されますように。
　　この人が強くてバランスの取れた人でありますように。
　　この人が幸せでありますように。なぜなら，この人は同じ人間であり，わたしとまったく同じだから。

5. 深呼吸を2，3回して，自分の体験に注意を払います。少なくとも2分間はじっとここに座ったまま，自分がこの人物についてどう感じているかを考えましょう。

　この体験はどんな感じがしましたか？　この人物についての考え方や感じ方に何か変化がありましたか？

_____

_____

_____

_____

　この人物についての考え方や感じ方に何か変化があった場合，どうしてその変化が生じたと思いますか？

_____

_____

_____

_____

ステップ3　（もしやってみる勇気があるなら）

　つづいて，同じ手順で上級のエクササイズをします。これは，深刻な苦悩にはまっている人のみを対象にしたものです。あなたはこれを試す必要がないかもしれません。

　これまでと同じことをしますが，今度は，あなたを心底悩ませている人物について考えます。その相手は，あなたの大っ嫌いな人でなくてもかまいませんが，結局そういう人になるかもしれません。あるいは，顔を見るだけでイライラするような人になることもあるでしょう。

　心の中で，その人物に関する良いイメージを描きましょう（難しいのはわかっていますが，頑張って！）。

　そして，これまでと同じ手順で，今心の中に描いたその人物について，エクササイズ「わたしとまったく同じだ」をしていきます。もう一度繰り返しますが，これは急いでやってはいけません。超特急で済ませたくなるかもしれませんが，この点を忘れないでください。

　1．リラックスできる楽な姿勢を取ります。

　2．心の中に，この人物に関する良いイメージを描こうとしてください。そのクラスメートはどんな外見ですか？　どんな表情をしていますか？　どんな服装をしていますか？

　3．この人物について，いくつかの点をよく考えましょう。

　　　　この人は人間で，わたしとまったく同じだ。
　　　　この人には心と体があり，わたしとまったく同じだ。
　　　　この人には感覚と感情と思考があり，わたしとまったく同じだ。
　　　　この人は時に，悲しんだり，失望したり，怒ったり，傷ついたり，混乱したりして，
　　　　　わたしとまったく同じだ。
　　　　この人は苦痛や不幸から解放されたいと思っていて，わたしとまったく同じだ。
　　　　この人は，安心していたい，健康でいたい，人から愛されたいと思っていて，わたし
　　　　　とまったく同じだ。
　　　　この人は幸せになりたいと思っていて，わたしとまったく同じだ。

　4．今度は，この人物のために優しく祈ってみましょう。

　　　　この人が強さとリソースと支援に恵まれ，人生のつらい時期を乗りきっていけますように。
　　　　この人が痛みと苦しみから解放されますように。
　　　　この人が強くてバランスの取れた人でありますように。
　　　　この人が幸せでありますように。なぜなら，この人は同じ人間であり，わたしとまっ
　　　　　たく同じだから。

5. 深呼吸を 2, 3 回して，自分の体験に注意を払います。少なくとも 2 分間はじっとここに座ったまま，自分がどう感じているかを考えましょう。

　今，この人物についてどう感じていますか？　何か変化がありましたか？　正直になることを忘れないでください。

_____

_____

_____

　この人物に対する感じ方が変わったとしたら，どうしてそうなったと思いますか？

_____

_____

_____

　さて，このガイド付きの瞑想から，あなたは何を学びましたか？　いつもの自分の考え方とは違う考え方をすると，あるいは，自分と他者とを隔てる壁を取り除くと，他者が——適当に選んだクラスメートであれ，人気者であれ，ひどくいやな思いをしている相手であれ——実は自分とたいして違っていないことがわかります。わたしたちは皆，同じような恐れや不安や疑いを抱き，同じように幸せになりたいと思い，同じように人に好かれたいと思っています。誰しも時にはもがき苦しみます。ですから，誰もが今，海面に浮上しようとし，浮上したら，そのまま浮かびつづける方法を見つけようとし，あるいは，良い波のひとつやふたつには乗って前進さえしようとしています。
　というわけで，次にその悩ましい相手と出くわしたときには，すぐにこの瞑想「わたしとまったく同じだ」をやってみてください。おおいに役立ちますよ！

ある教師の打ち明け話

　マーク・グリーンバーグ博士はペンシルベニア州立大学の教授で，青少年やその親たち，校内で発生する情緒関連の学びを研究しています。そのグリーンバーグ博士がこう言っています。「わたしは，大人たちとの会議の冒頭で，必ずこの『わたしとまったく同じだ』を使っています。わたしはしばしば思うのですが，大人はどうやら，他者が自分と同じように感じることや，他者が自分と同じような難題にぶつかって苦しんでいることを忘れてしまっているようです。このエクササイズは，わたしたちが皆，同じ船に乗り合わせていることを思い出させるのに役立ちます。そして，エクササイズ後の会議は，通常より少しはうまく進行するような気がします」

　たぶん，あなたは今，「でも，自分の『欠点』のせいで，人と違ってしまったり，人より足りないところができたり，人に遠ざけられたりすることはないのだろうか？」と思っているかもしれません。

　いいえ，その逆です。誰にも「欠点」はあります。それは人間であれば，ごく当たり前のことです。実際，それのおかげで他者とつながることがあるくらいです。なぜなら，それはわたしたちに共通するものだからです。ただ，「欠点」は——わたしが引用符を付けていることにお気づきですね（わたしは必ずしもそれを欠点だとは考えていないからで，あなたも本章を読み終えるころまでには，そうは思わなくなっているかもしれません）——必ずしもそんなに悪いものではありません。「欠点」のせいで，わたしたちが欠陥品になることはありません。**逆に，**そのおかげで，嬉しくなるくらい特別で，またとない存在になるのです。

　というわけで，先に進む前に，あなたが自分の欠点だと思っていることについて，まず考えましょう。わたしの推測では，それを考えるのに，それほど時間は必要ないでしょう。

　では，以下のライン上に，自分の欠点がどれくらい悪いものだと思っているかを示すマーク（×）を入れてください。

すごく悪い。　　　　　　　　　　　　　　　　　　　　　それほど悪くはない！

　わたしたちの文化では，「完全」にやり遂げることや完全であること，少なくとも自分の欠点がそれほど悪いものではないとみなすこと——言い換えると，上記ライン上のマークができるだけ右端近くにあること——がとても重視されています。でも，全部の文化がそうだというわけではありません。たとえば，非常に興味深い日本の工芸に，**金継ぎ**と呼ばれるものがあります。陶器が割れたとき，元どおりにつなぎ合わせてヒビ割れを隠すことで「新品のように」するのではなく，**金継ぎ**職人が金で割れ目を埋め，器を前よりも強

いものにし，「新品よりも良い」ものにするのです。実際，埋め込まれた金によって，割れ目は際立ち，「輝き」ます。そして，このことから引き出せるメッセージは，陶器と同じように，わたしたちも自分自身の「不完全なところ」や「欠点」を尊重して受け入れようということです。それに，わたしたちは誰もが不完全な存在であるからこそ，そのおかげで互いにつながり合うこともできるのです。

やってみよう　自分の器を金継ぎする

以下の材料を用意しましょう。

> 使い捨てできる紙ボウル。環境に優しいものがベストです（www.amazon.com で見つかります）。
> ボウルに書くことができる黒のペン。ゲルインクのペンがいいでしょう。
> 金色の油性マーカーペン，もしくは，ペイント・ペン（美術用品や工芸用品を置いている店にあります）。

まず，黒いペンでボウルに割れ目を描き入れ，いくつかのセクションに分けます。下のイラストを参考にしてください。

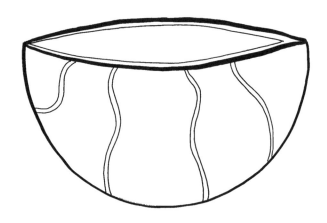

　次に，各セクションを，それぞれ異なる「マインドフルなデザイン」で埋めます。これをするとき，集中できるように，たっぷり時間をかけることを忘れないでください。手にもっているペンの感触，ペンがボウルに触れるときの感触について考え，ペンから出たインクがボウルの上に乗っていく様子を観察し，黒のラインが作り出すデザインの，ラインとラインの間の余白に注目するなどしましょう。目的は，このプロジェクトをやり終えることではありません。さまざまな感覚に気づき，それらを**観察する**ことです。以下は，デザインの一例ですが，自分のボウルがこのようになっていなくても心配は要りません。あなたのものは，**あなたのものらしくあってしかるべきで，人のものに似ているようではいけません。**

　ボウルの全セクションにデザインを描き終えたら（もしくは，疲れてしまって，それ以上描きたくなくなったら），金色のマーカーを使って，セクションを分けている黒のラインの上を塗っていきます。はい，でき上がり！　あなたの金継ぎボウルの完成です。これは，あなたの好きなように使ってください。けれども，これを見たら必ず，自分は不完全なところや固有なところがあるからこそ，特別な存在になっているのだということ，同時に，それらがあるからこそ，地球上の他のあらゆる人びととつながっているのだということを，しっかり心に刻みましょう。そして，何か間違いを犯したら——間違いは，誰しもその生涯に幾度となく犯すものですから——それを学びに活用し，自分をもっと強くしていきましょう。

ティーンの言葉

ぼくは「金継ぎボウル」が気に入りました。だって，これは，間違いの中に見つけられる善いものを象徴しているからです。

わたしは，割れ目に入れた金がボウルを強くするという考えが好きです。割れ目が入れば入るほど，強くなるってことだもの。

　では，下のラインに，自分の欠点についてどう感じているかを示すマーク（×）を入れましょう。

すごく悪い。　　　　　　　　　　　　　　　　　　　　それほど悪くはない！

どう思いましたか？

　少し時間を取り，本章から学び取ったことについて考えましょう。自分の考えを，文字や絵で以下に記録しておきましょう。たとえば，ほかのみんなももがき苦しみ，失望や傷心，怒り，孤独などの気持ちに取り組むことを知って，どう感じているかについて，考えるのもいいかもしれません。

ま と め

　もがき苦しんでいるとき，わたしたちはよく，自分は独りぼっちだと強く感じます。自分は不完全で，欠点だらけで，不充分だと感じます。そして，自分の文化から，「完全」でなくてはならない，「欠点」があるのはまずいというメッセージを受け取り，幼いころから，悲しみや怒りを感じるのは自分に何か悪いところがあるからだと教え込まれるせいで，そうした感情や「欠点」は他者から隠さなくてはならないと思うようになります。実際には，わたしたちの誰もがもがき苦しみ，こうした感じ方をしていますし，ことに10代では，それが顕著です。それに，こうした「不完全なところ」や「欠点」は誰もがもっているものでもあります。人間であればこそ，生きて呼吸している人間であればこそ，もっているものなのです。それらがあるからと言って，わたしたちは欠陥品にも不適格にもなりません。それは，ほかの誰もがそうならないのと同じです。考えてみれば，それは実に，わたしたちを世界のみんなにつなげてくれるものなのです。何しろ，誰もが共通してもっているものなのですから。

第Ⅲ部

基本が身に付いたら，
次にすること

第7章

助けて！
感情の起伏をコントロールできない！

親の思うようないい子になんて，おれ，絶対なれっこない！　どんなことしたって，親から
したら，おれはいつでもダメなやつなんだ。で，あのちっこい妹と喧嘩したからって，なん
なんだ？　いや，実際，妹が先に手を出したんだぜ。だから，ちょっとくらいいじめたって
かまわないだろ？　そんなことしちゃいけないことはわかってるよ。だけど，今，人生のど
ん底なんだよ。そんなときに，あいつら，おれを最低最悪の気分にさせるんだから。だって，
今日はサッカーのシュートはずして，そのせいでおれのチームは負けたんだ。化学の実験室
では，あのむかつく酸性の薬をこぼすし，ランチのときは，ケチャップがシャツにブワッと
噴き出すしで，それだけでも充分落ち込んでるのに，あいつらときたら，おれが世界中で一
番出来損ないみたいな気分にさせやがって……いや，自分でもそうだって，とっくにわかっ
てるさ……とにかく今日は，どうしようもないくらいメチャクチャな気分で，自分が何をやっ
ても全然ダメだってことくらい，わかってるよ。悪かったな，出来損ないで！　自分が大っ
嫌いだよ！　おれなんて，どうせろくなものになれっこないんだ！　これ以上ないくらいダ
メなやつだよ！　どうだ？　これで満足か？

　身につまされますか？　ここまで読み進めてきておわかりのとおり，あなたは独りぼっ
ちではなく，これは，役割や人間関係が変化する10代に，多くのティーンが親との関わ
り合いのなかで体験することです。あなたはすでに，セルフ・コンパッションを実践する
方法——毎日時間を確保して行なうフォーマル・プラクティスなど——をいくつか身に付
けています。でも，自分のすべきことに一心になっている日の真っ只中に，いきなりギョッ
とするようなことが起き，自分を責め立てるかつての悪習がよみがえったら，どうなるで
しょう？　本章では，感情の起伏が激しくなり，自己批判の暗いトンネルに入り込んでし
まったときに，たいへん役立つ方法を身に付けていきます。
　第1章でティーンの脳がどれだけ大きく変化するかを話しましたが，憶えていますか？
　使用されていないニューロンと神経経路が取り除かれ，新たな神経経路が創り出される
のでしたね。また，このことは，感情に圧倒されるように感じるという現象にとって，か
なり重要だと説明したことも憶えていますか？　恐れや怒りを感じる機能を担当している
大脳辺縁系の「扁桃体」は，10代の時期，論理的な思考や慎重な決断を担当する部位「前

頭前皮質」よりもかなり早く発達するのでしたね。したがって，時に感情の大波に襲われるように感じるのは当然なのです。扁桃体は前頭前皮質からすると，超大国のようなものなのです。

　何十年も前から10代の研究に取り組んでいるローレンス・スタインバーグ博士は，それはまるで，アクセルは付いているけれどブレーキのない車をもっているようなものだと言っています。

　ですから，感情の大波に襲われる感じがしたり，自分に大津波が向かってきて，それに引きずり込まれるように感じたりしたら，それは自分のせいではないことを思い出してください。10代の脳が，できる限りのことをして，手元の状況に対応しようとしているだけなのです。

　やがて，前頭前皮質が扁桃体に追いつく日がやってきます。そうなれば，物事はもう少し安定します。そして，あなたの津波は，この状態から，

　この状態へと変化します。

　それでも，波がなくなるわけではありません。ただ，はるかに小さくなり，管理しやすくなります。

　あなたはこれまで，感情の大波に飲み込まれていると感じたことがありますか？　（いずれかを丸で囲みましょう）

　　　　　はい　　　　　　　　いいえ

そのとき，どう反応しましたか？　（当てはまるものを丸で囲みましょう）

食べ物が喉を通らなくなった	乱暴になった
やたらに食べた	ひとりで引きこもった
テレビの連続番組を見まくった	登校拒否した
自傷した	人にひどいことを言った
ドラッグをやった	叫びまくった
深酒をした	泣きじゃくった
ドン底まで落ち込んだ	部屋から飛び出した

　たぶんお気づきのとおり，こうした反応の仕方は，短期的には気分を晴らすのに役立つかもしれませんが，長期的にはそれほど役に立ちません。

　では，ほかに何ができるでしょう？　大波が押し寄せてくるのが見えてきたときに，その波に飲み込まれず，波の上を漂っていられるようにするには，何ができるのでしょうか？

　本章で学んでいただこうと思っている瞑想——「和らげ，なだめて，許す」——は，こうした状況で役立ちます。でも，その練習に入る前に，次のアート作業をやってみましょう。これは，「和らげ，なだめて，許す」をする前にどうしてもしなくてはならないわけではありませんが，これを行なうと，体内に強烈な感情が生まれるのを感じたときに何ができるかを実際に「感じる」ことができるので，おおいに助けられます。わたしが何を言いたいのか，すぐにわかるでしょう。

　注意していただきたいことがあります。この作業はかなり汚れますので，必ず自分できちんと後片付けをしてください。

やってみよう　ウーブレックで遊ぶ

ウーブレック〔訳注：水と片栗粉／コーンスターチで作る，液体のような固体のような，不思議な流動体〕は，幼稚園のころからよく知っているかもしれませんね。以下を用意しましょう。

水　1カップ
コーンスターチ　約2カップ　（同じコーンを材料とするものでも，コーンミール／コーンミール・ミックス／コーン・フラワー／コーン・ドッグなどではいけません）
混ぜるためのボウル
混ぜるための木製スプーン
ふた付きのプラスティック容器

1. 水1カップとコーンスターチ約2カップをボウルの中で混ぜます。あとの掃除を減らすために，この作業は台所のシンクか戸外でするといいでしょう。

2. 木のスプーンで5分から10分ほど，ねばり気が出るまで混ぜつづけます。ねばり気の程度は，少し取って丸めるとボール状にできるけれども，手を開くと平らなパンケーキ状に「ドロリとなる」くらいです。

3. ちょうど良いねばり気に近づいてくると，たぶん，ほんの少し水を足す必要があるでしょう。一度に数滴ずつ加えて混ぜ，もう少し必要なら，再び数滴加えて混ぜます。緩すぎると思ったら（ボール状に丸められないなら），一度にほんの少しずつだけ——たぶん小さじ1くらいずつ——コーンスターチを足します。

4. では，でき上がったこのウーブレックで遊びましょう。ひとつかみ取り，それをギュッと握ります。何が起きるか，注目してください。これをどう説明しますか？　（これについては，手を洗ってから記入したいと思うかもしれません）

_____

_____

5. 握っていた手を開き，そのまま手のひらを上に向けておきます。手の中のウーブレックに何が起きるか，説明してください。

_____

_____

6. 同じことを，もう 2 回繰り返します。ウーブレックをつかんでいる手に力をこめ（かなり堅い感じのボールになるはず），それから手を開き，手のひらを上に向けておきます（ウーブレックは「リラックス」して，手の中で溶けたように平たくなるはずです）。

7. 終わったら，ふたのあるプラスティック容器にウーブレックを入れ，乾燥しすぎないようにしておきます。またあとで遊びたくなったときのためです。

　あなたは今ウーブレックで遊び，それがどんな感じのものかを知りましたので，今度は，わたしが先ほど触れた，さまざまな感情との取り組みに役立つエクササイズをやってみましょう。この「和らげ，なだめて，許す」というエクササイズは，瞑想のようにゆっくり行なうこともできますし，いずれ各段階の内容と手順を飲み込んだら，感情の大波がやってきていると感じたとき，「瞬時に」行なうこともできます。でも，今は，時間をかけてゆっくり行ない，湧き上がってくるさまざまな感情に気づく時間をたっぷり自分に与えることが，何よりも重要です。

やってみよう　和らげ，なだめて，許す

　エクササイズの説明を（読むのではなく）聞きたい場合は，音声ガイドを http://www.newharbinger.com/39843 からダウンロードしてください。

　楽な姿勢を取って目を閉じ，体の力を抜く感じで，ゆっくり 3 回呼吸します。片手を心臓の上に置くなり，自分に合ったスージング・タッチ（第 3 章で学んだもの）をするなりして，自分自身に優しくすることを思い出せるようにしましょう。

　では，今あなたが体験している状況で，軽度から中程度までのつらい状況をひとつ選び，それについて考えましょう。それは，友だちや親との間の問題かもしれませんし，学校での問題かもしれません。あなたは，いじめられていると思っていますか？　正しく評価されていないと感じていますか？　仲間はずれにされている気がしますか？　ここでは，あまりに重大な問題やあまりに些細な問題は選ばないようにしてください。そのことを考えると，体にちょっとしたストレスを感じるような，そのくらいの問題を選びましょう。初めてこのエクササイズに取り組もうと

しているのですから，重すぎる問題ではいけません。

　選んだその状況を，心の中にはっきり描き出します。誰がそこにいましたか？　どんな発言が
ありましたか？　どんなことが起きましたか？　この状況の良いイメージを思い描こうとしてく
ださい。

　良かったら，ここに，その状況について書いておきましょう。

_____

_____

_____

_____

　この状況について考えると，あなたの「感情のカップ」はどれくらいまで満たされますか？
この状況について考えている今，あなたがどれくらい感情を抱いているか，その分だけカップに
色を着けましょう。あなたの感情は，カップのどのあたりまで達していますか？

　今あなたは，問題の状況と，それがもたらす感情について考えていますが，それらの感情にラベルを付けられるかどうかをチェックしましょう。

1. 感情のカップを満たしているさまざまな感情のひとつひとつに名前を付けます。時には，そうした感情に対して心を開き，それらをしっかり感じようとしても，時間がかかることもあります。ですから，くれぐれも急いで行なわないでください。選んだ問題について考えるときに体験する感情が以下のリストにあれば，あるだけ丸で囲みましょう。

　　　　怒り
　　　　混乱
　　　　恐れ
　　　　イライラ
　　　　悲嘆
　　　　苦痛
　　　　寂しさ
　　　　悲しさ
　　　　ほかにもありますか？（あればここに書きましょう）＿＿＿＿＿＿＿＿＿＿＿＿＿＿

2. 次に，もっとも強烈で厄介な感情に名前を付けられるかどうかを見てみましょう。表面に浮上してきた感情はありますか？　それを以下に書いてください（ふたつの感情が関連し合っている場合は，いずれか一方を選びます）。

　　＿＿＿＿＿＿＿＿＿＿＿＿＿＿＿＿＿＿＿＿＿＿＿＿＿＿＿＿＿＿＿＿＿＿＿＿＿＿＿

3. その感情の名前を，思いやりをこめた優しい声で——自分の友だちが味わっている気持ちに共感しているかのように——繰り返し自分自身に向かって言います。たとえば，「それは苦痛」「それは悲しさ」「それは困惑」などという言い方をします。

4. 友だちに対して使うような思いやりのある口調で言ってくださいね。もし友だちに，「わあ，それは本当にたまらないね」と言うとしたら，どんな口調で言いますか？　どういう言い方をしますか？　それと同じ言い方を，今，自分自身に向かってしてください。

次の３ステップには，「それを体内で感じる」とわたしが呼んでいるプロセスが含まれています。

5. 今度は，注意の範囲を広げて，全身を意識します。

6. もう一度，問題の状況を思い出し，体のどの部分でそれをもっとも強く感じるか，全身を調べます。心の目で，全身を頭のてっぺんからつま先まで，なでるように見ていき，ちょっとした緊張もしくは不快感のある部分で止まります。これには充分に時間をかけてください。ひたすら全身をくまなく調べ，緊張している部分があるかどうかに注意を払います。この感覚ははっきりわかることもあれば，かすかにしかわからないこともあります。例の感情を体のどこで感じていますか？　もし２，３カ所で感じているなら，ここに書いておきましょう。

_____

_____

7. では，その感覚がもっとも強く感じられるように思う体の部位を１カ所，選んでください。たぶん，心臓の痛み，胸やけ，胃痛，胸痛，喉の痛みなど，痛みや筋肉の緊張といった形で気づくでしょう。頭の中にそれを感じることもあるでしょう。今，それがどう感じられるかに注目してください。その不快感を時間をかけて味わいます。普段はついそれを追い払ってしまいますが，そうではなく，それに向かっていく自分を想像しましょう。この感覚に注目しながら，ゆっくり１０まで数えます。なんなら，もっと長く味わってもかまいません。それが体内でどう感じられるかにひたすら注意を払います。この感覚がどんな感じかをここに書いておきましょう。

_____

_____

_____

ここから，最終ステップ「和らげ，なだめて，許す」が始まります。

8. 今度は，その感覚のある体内の部位周辺を和らげます。想像してください。あなたは今，温かなタオルを用意して，それを不快感のある部位に当て，その部位の筋肉を緩めています。ぎゅっと握っていたウーブレックが，手を開くと柔らかくなっていく様子を憶えてい

ますか？　同じようにして，体内にあるこの不快感の「握力を緩める」のです。その部位にかかっている力を少し緩めるのです。静かな声で，「緩めて……和らげて……」と自分に言ってもいいでしょう。そして，ウーブレックが柔らかくなっていくように，それが和らいでいくところを想像します。その感覚を追い払ってはいけません。それを忘れないでください。ヒヨコを抱えるように，そうっと優しく，やんわりと抱えつづけるのです。

9.　冒頭で名前を付けた感情がそこにあることに気づきたいとは思っても，それを和らげたいとはまったく思わないのであれば，それはそれで，かまいません。感情に名前を付けるだけでも，役に立ちます。ゆっくり時間をかけ，体の中のその感覚に取り組んでください。

10.　また，途中で不快感が大きくなりすぎたら，いつでも呼吸に注目し直し，息を吸ったり吐いたりしながら，その呼吸に集中しつづけましょう。

11.　つづいて，心をなだめる言葉を自分自身に向けて言います。そうするのは，あなたがずっと，この強烈な感情にひどくもがき苦しんできたからです。こんなにつらい思いを抱えているのは，たまりませんよね？　片手を心臓の上に置いて，自分の体が呼吸するのを感じましょう。実際，自分自身に対して，「これは本当につらいよね」とか「自分だけがこんなふうに感じているんじゃないのはわかってるから」などと，優しい言葉をささやきたくなるかもしれません。どのような優しい言葉があなたには効果がありますか？　今，気分をぐっと良くするには，どんな言葉が役立ちますか？　もし良かったら，そうした言葉や言い回しを以下に書いておきましょう。

_____

_____

_____

12.　今はただ，その強烈な感情と感覚がそこにあるのを許してください。それらのために場所を提供してください。たぶん，こんな不快な気持ちはなくなってほしいという願いも，手放すといいでしょう。ウーブレックを握っていた手を開いたときにどうなったかを思い出すのです。ウーブレックは，なんだか力が抜けて，少し溶けたようになりましたよね？　わたしたちが今しているのは，それです。心を開き，どんな感情や感覚であれ，ここにあるものはそのままここにあってもいいと，許すのです。それらは消えてなくなるのではないかという期待も，消えてほしいという願いも抱かないことです。そして，できたら，それらが少し緩んでいくのを見つめましょう。

13. このエクササイズのタイトルにある3つの言葉を，お気に入りのスローガンかマントラのように――「和らげ……なだめて……許す」，「和らげ……なだめて……許す」――と繰り返し，つらくてたまらない思いをしている自分にちょっとした優しさと温かさを与えることを思い出しましょう。

14. どんな感情であれ，あまりに不快に感じたときは，気分が良くなるまで，必ず自分の呼吸に集中しつづけましょう。

　では，このエクササイズがあなたにとってどういうものだったかを見てみましょう。

　自分の感情に「ラベルを付けた」とき――実際に心の中で，**それは怒り，それは苦痛**などと自分にささやいたとき――何が起きましたか？　（当てはまるものを丸で囲みましょう）

　　その感情が少し弱まったように感じた（怒りが少し収まった，苦痛が少し癒えた）。
　　その感情がすごく弱まったように感じ，ほぼ消えてしまったような気がした。
　　何も変わらなかった。
　　その他 ＿＿＿＿＿＿＿＿＿＿＿＿＿＿＿＿＿＿＿＿＿＿＿＿＿＿＿＿＿＿

　これらはすべて，ごく普通の反応です。感情は感情であって，それ以外の何ものでもありません。こう感じなくてはならないとか，ああ感じなくてはならないということは，まったくありません。

　自分の感情にラベルを付けるとき，論理的思考を担当する大脳の部位「前頭前皮質」が働きます。そうなると，強烈な感情を抱いたときに活性化する大脳の部位「扁桃体」はしばしば鎮められます。ですから，自分の感情にラベルを付けたとき，かすかな変化を――たぶんその感情が少し軽くなったり，その感情の力が弱まったりしたのを――感じたかもしれません。「名前を付けなさい，そうすれば，それを手なずけられる」と言いますが，これは，感情にラベルを付けるときに何が起きるかについての，ひとつの考え方です。

　その感情が体のどの部分にあるのか，見つけられましたか？　（感情があったように感じた部位を丸で囲みましょう）

　　首の後ろ
　　胸／心臓のあたり
　　顔
　　額
　　頭
　　肩
　　胃
　　喉
　　その他 _____

　不快感のある部位を和らげ，なだめようとしたとき，何が起きましたか？　自分の感じ方にわずかな変化を感じましたか？　それはどんな感じでしたか？

_____

_____

_____

　その感情や感覚がそこにあるのを「許し」，それらを追い払おうとはしなかったときは，どうでしたか？　何に気づきましたか？

_____

_____

_____

　ここで再び，感情のカップの登場です。今はどのくらいまで満たされていますか？　どのあたりまで感情が達しているかを，色付けするなり，絵にするなりして，示しましょう。

　「和らげ，なだめて，許す」を行なう前後で，感情のカップに何か違いがありましたか？
　わずかな違いも重要です。たとえそれが，カップの8分の1の違いしかないとしても，それだけは動揺なり悲しみなりが減っているということですから。

ティーンの言葉

わたしには，感情への名前付け［エクササイズ］がとても役立ったわ。いつもいろいろな感情にやられちゃってるから。

わたしはすぐに感情移入して，本を読んでいても，通りを歩いていても，気が滅入る歌を聴いていても，ひどく落ち込むの。だから，とにかくすぐこれをすることにしてる。

　次に感情に圧倒されていると感じたら，このティーンたちのように，「和らげ，なだめて，許す」を試してみてください。動揺したら，応急処置の道具のように，その場ですぐしましょう。その感情に名前を付け，体の中にあるそれを見つけたら，その周辺を和らげ，心をなだめて，それがそこにあるのを許すのです。忘れないでほしいのは，そのつらい感情をなくそうとはしないということです。ただ，それがそこにあるのを許し，そのための場所を提供して，何が起きるかを見るのです。

　エクササイズを試し終わったら，ここに戻り，下の空欄に自分の体験について書きましょう。不快な感情のために場所を作り，それがそこにあるのを許すことができましたか？

　このエクササイズをするときはいつでも，何が起きるかを見るだけだということと，何が起きても問題ないということを，しっかり憶えておいてください。

どう思いましたか？

　本章を読んで，何か手応えや反発はありましたか？　読み終えたあとの思いを，下の余白に文字や絵で記録しておきましょう。

ま と め

　さまざまな感情，それも特に，怒りや苦痛，孤独などの感情に圧倒されていると感じるのは，ティーンならではのことです。それは，全員とは言わないまでも，たいていのティーンが時々体験している心境であり，多くのティーンがそのことで自分自身を責め立てます。でも，だからと言って，感情の大波に飲み込まれなくてはならないというわけではありません。波の上にぽんと乗り，さらにはサーフィンまでできるようになるための，特別なエクササイズを学ぶことができますし，なんならそれを，いつもうしろポケットにでも入れてもち歩くことも可能です。

　心を打ちのめす感情と同じように，強いストレスと苛立ちの原因になりうることがほかにもあります。自分の話に誰も耳を傾けてくれていないと感じるとき，誰も親身になって話を聞いてくれないと感じるときです。次章では，あなたの話を**本当に**心から聴いてもらうために，実際にできることをお教えします。

第8章

マインドフルネスと
思いやりに満ちたコミュニケーション

　わたしたちの多くにとって，もっとも苛立たしいのは，自分の話をちゃんと聞いてもらっていないように感じることです。もしくは，自分のことをわかってもらえていないような気がしたり，無視されているような気がしたりすること，今の自分をありのままに見てもらっていないように思えることです。まるで10歳の子どものときと同じように親に扱われていると感じることもあるかもしれません。「そんなの，全然今の自分じゃないのに！もうすっかり変わっているのに！」と思うわけです。そして，先生たちは先生たちで自分の予定があり，あれやこれやについて生徒の考えや意見をしっかり聞きもしないで，うるさくまくし立てたりしかねません。

　では，確実に自分の話を聞いてもらうには，つまり，自分の話を，しっかり身を入れて聞いてもらうには，どうしたらいいのでしょう？

　まず第一に，しっかり聞いてもらえるかどうかを最終的にコントロールすることはできませんが——自分の思うとおりに他者をコントロールするのは絶対無理ですが——こちらが心を開き，心をこめて，話をしたり，話を聞いたりするときには，相手もこちらの話を聞こうとする可能性が高まります。「心を開き，心をこめて」というのは，思いやりをもって話をするときにわたしたちがしていることです。

　ひとつ，例を挙げましょう。以下を読んでください。

友人＃１

　わたしがマリオを好きだってこと，あなた，なんで彼に言っちゃうのよ！　秘密だったじゃない！　それに，これはわたしの問題で，あなたにはなんにも頼んでないわ！　あなたって，ほんと，おしゃべり！　何も言わないでって言ったでしょ！　いったいどういうつもりでそんなことしたのよ？

　もし友だちからこんなふうに言われたら，あなたはどう感じますか？

_____

_____

　これに対して，あなたはどう反応すると思いますか？

_____

_____

　その反応によって，どんな気持ちになると思いますか？

_____

_____

友人＃２

　あなたに悪気があったんじゃないのはわかってる。でも，わたしがマリオを好きなこと，彼に言ってもいいかどうか，まずわたしに聞いてくれたら良かったのに。わたし，今，ちょっと困ってる。

　こう言われて，今度はどう感じているかに気づいてください。その感じを，あなたらならどう説明しますか？

_____

_____

　この友だちに対して，あなたはどう反応すると思いますか？

_____

_____

　その反応によって，今度はどんな気持ちになると思いますか？

_____

_____

　誰かが攻撃モードで自分に向かってきたら，わたしたちは自衛手段として，心を閉ざし，耳を貸さないでしょう。用心しようとします。でも，もっと優しい思いやりに満ちた態度で近づいてきたら，相手の話を注意深く聞く可能性ははるかに高まります。わたしたちが誰かほかの人に近づいていくときにも，これと同じことが起きます。もしわたしたちが本当に心から，相手の言おうとしていることに耳を傾け，心を開くなら——言い換えれば，思いやりをもつなら——相手もわたしたちの話を聞き，わたしたちをしっかり見て，同様に思いやりをもつ可能性はおおいに高まります。

　では，拳を突き上げた闘う気満々の反発的戦闘モードではなく，確実に優しさと思いやりに満ちた態度で相手に近づくには，どうすればいいのでしょうか？

　次のふたつのエクササイズがそれを助けてくれるでしょう。これから提供する一連のステップを踏めば，あなたはそれらの手を借りて，相手を信頼し，心を開き，明解かつ誠実に，そしてマインドフルにコミュニケーションを取れるような場所に到達できるようになります。ここでご紹介するステップは，グレゴリー・クレイマーの『_Insight Dialogue_（洞察が支える対話）』に概説されているプロセスからヒントを得たものです。

やってみよう　自分の心の声を聴く

　もしこのエクササイズを，以下を読んで行なうのではなく，音声ガイドを聴いて行ないたいと思うのであれば，http://www.newharbinger.com/39843 からダウンロードしてください。

1. 安心してリラックスできる心地よい場所を見つけて，腰を下ろすか，横になるかします。

2. 自分にとってかなり重要なことで，誰かに——親，先生，友だちなどに——伝えたいと思うことを，何か考えてください。このことについて，たぶんあなたはまだその人に話していないでしょう。言うのが怖いとか恥ずかしいなどという気持ちが強かったり，怒りや苦痛が大きすぎて話せなかったりするからです。少し時間を取り，このことについて考えてください。

3. もし良かったら，言いたいと思っていることをここに書いておきましょう。

_____

_____

_____

4. ここで，ちょっと中断します。座るか，横になるかしている自分の体に注目しましょう。この部屋で座るか，横になるかしている自分の体のイメージを思い描いてください。自分の体が椅子なり寝椅子なりに接している部分に注目し，その接触点でどう感じているかに注意を払います。その部分は緊張したり，こわばったりしていますか？　圧迫感，あるいは，不快感まであありますか？　ほかとは違う感じのする部分がありますか？　今この瞬間にここにいる自分の全身を眺めることができるかどうか，チェックしましょう。心の中に全身像を描くのです。いつものように少し時間を取り，少なくとも2分はかけて，これを行なってください。

5. つづいて，体の力を抜き，少し休んだら，全身を頭からつま先まで，2，3分かけてスキャンします。緊張やこわばり，痛みまで感じている部分があるかどうかをチェックしましょう。もし見つかったら，その部分をリラックスさせ，和らげられるかどうか調べてください。肩が凝っていますか？　肩の力を抜きましょう。額にしわを寄せていますか？　顔の筋肉を緩めましょう。あごはどうですか？　リラックスしていますか？　舌も口の中でリ

ラックスしていますか？　少し時間を取って，ここで休みます。

6. さて，自分の体の中に緊張している部分があるのに気づいたとき，あなたはそれに対して，受け入れの気持ちで向き合うことができますか？　つまり，不快な部位——たとえば胃——に続くドアがそこにあると想像し，そのドアを開けて，胃がそこにあることを許す，というような感じです。胃以外にも，ちょっと緊張しているような部位があったら，同じことができますか？　体のあらゆる部位がそこにあるのをただ許し，それらを避けようとしないことです。自分のできる範囲でかまわないので，そうした不快な部位に，ほんの少しでも安らぎをもたらしてあげましょう。

7. 今度は，外界に注意を向けます。あなたの周囲にある音に気づいてください。近くに聞こえる音にも，遠くに聞こえる音にも，小さな音にも，大きな音にも注意を払います。何が聞こえますか？　少し時間を取って，ひたすら耳を澄ませましょう。急いではいけません。どこかに出かけなくてはならないわけではありませんし，聴くこと以外にするべきことはありません。

8. 最後に，自分の心の声を聴きます。あなたには，誰かに言いたいと思っていることがありますね。あなたの心は，それが何か，わかっています。以下に，自分の心の言葉を書きましょう。時間は，必要なだけ取ってください。

_____

_____

_____

_____

_____

_____

_____

9. では，ここで想像してください。その相手は，あなたの言葉を**本当に**一字一句もらすことなく聴き，あなたの言いたいことにしっかり耳を傾けています。その相手は，あなたの言葉を聞いて，なんと言うでしょう？　その相手の身になって考えてください。たとえば，その相手が親だった場合，もしあなたが自分の親で，子どものあなたの安全を確保したいと思い，あなたに幸せになってほしいとも思っているとしたら，それはどんな感じなのかを考えます。その相手が友だちだった場合は，自分と同じくこの歳月をなんとか乗り切ろうとしつつも，頻繁に不安や自信のなさを感じ，時にはつまずき，時には間違いを犯すことがあるとしたら，それはその友だちにとってどういう感じなのかを考えます。

　相手の反応，相手が言おうとしていることに，最大の注意を払って耳を傾けます。相手も本心から話していること，可能なかぎり心を開いて正直に話していることを忘れないでください。相手はなんと言うでしょう？

_____

_____

_____

_____

_____

_____

_____

_____

_____

_____

10. さて，もしお望みなら，相手の言ったことに返答してもかまいません。あなたはじっくり耳を傾け，相手の言葉をしっかり聴いていることを思い出してください。相手に返答しておきたいことがありますか？　もしあるなら，ここで返答しましょう。

_____

_____

_____

_____

_____

_____

_____

_____

_____

_____

_____

_____

11. では，ここまでの会話のことは忘れて，また自分の体を感じましょう。今この瞬間，この部屋のこの空間のここにいる自分をありのままに感じるのです。自分の体が椅子なり寝椅子なりに接していることに注目し，その感じがどんなものか，あらゆる接触点においてまったく同じかどうかに注意を払います。そのまま接触点に注意しつづけ，それが少しでも変化するかどうかをチェックしましょう。数分間，これを続けてください。

このエクササイズで，あなたにとって何がもっとも印象に残りましたか？

_____

_____

_____

_____

　自分の心から出てきたことで，何か驚いたことがありますか？　もしあるとしたら，それはどんなことでしたか？

_____

_____

_____

_____

　相手の心から出てきたことで，何か驚いたことがありますか？

_____

_____

_____

_____

　おわかりかと思いますが，マインドフルなコミュニケーションでは，話に耳を傾けることが大きな部分を占めています。それも，いつもの聴き方で聴くだけではいけません。いつもの聴き方だと，実際には自分の一部分だけが相手の話を少し聴いていて，その他の部分は，次に言おうと思っていることについて考えています。本当の傾聴とは，最大の注意を払って，そこにいること――じっくり聴き，一字一句もらさず，言葉の抑揚や言外の意味までも聴き取ることです。

> **ティーンの言葉**
>
> もし相手が話していることに，本気で注意を払ったら，親しさが増すだろうな。相手の話を本気で聴かないと，相手が何を言っているのか，理解できない。もしお互いがお互いの話に注意を払っていなければ，それは別々の会話が並行して進んでいるみたいなものだ。

　じっくり聴くのを練習する良い方法で，とても楽しくできるのは，音楽の歌詞に耳を傾けることです。第 5 章で行なった「音楽を聴いて瞑想する」というエクササイズを憶えていますか？　これは，それとはやや異なる音楽の聴き方です。http://www.newharbinger.com/39843 をチェックしてみてください。

やってみよう　人が聴いてくれるように話す

　人が本気で耳を傾けてくれるように話す秘訣は，自分の気持ちがどうあれ，その反応を混ぜないで話すことです。誰かが言ったことに腹が立ったり動揺したりしても，はっきり意見を言うのが怖くても，自分にとって重要なことについて意見を言いたいだけであっても，解決法は同じです。

　では，どうやってこれをしたらいいのでしょう？

　そのコツは，話を始める前に，必ず冷静で穏やかな状態になることです。そののちに，マインドフルネスとセルフ・コンパッションを同時に実践しながら，話をするのです。

　仮に誰かがあなたを怒らせたり動揺させたりすることを言ったとしましょう。たとえば，ずっと楽しみにしていたパーティに出かけたいのに，約束した家事が済んでいないという理由で，親が外出させてくれないというような場合です。

　心臓の上に手を置くなど，体に触れて心を鎮めるスージング・タッチをしながら，「自分のための瞬間」〔第 3 章〕を行ない，セルフ・コンパッションのエクササイズをします。そして，自分自身に向かって言います。

　これは，必死に闘わなくてはならないときだ。きついぞ！　あのパーティにはなんとしても行きたいと思っていたんだ！　すごくがっかりしている！　それに猛烈に怒っている！

　闘いは人生に付きものだ。誰だってもがき苦しむ。ぼくは独りぼっちじゃない。腹を立て，がっかりしている人はいっぱいいる。

今この瞬間，自分に優しくできますように！　（そして，こうした状況で友だちにかけるような優しい言葉を，ほかにもいくつか自分自身にかける）　これがきみにとってどんなにつらいことか，ぼくにはたぶんわかっている。どんなにがっかりすることか，どんなに心をかき乱すことか，ぼくにはわかっている。きみのために，ぼくはここにいる。

　冷静になったと感じるようになり，口論や泣き落としではない明快な方法でコミュニケーションを取る準備ができたと思えるようになるまで，これを続けます。口論や泣き落としは，話を聴いてもらう助けにはなりません。

　自分の考えをはっきり言うのが怖い場合は，どうしたらいいのでしょう？　たとえば，以前からある人物が教室であなたに「意地悪」をしていて，あなたを無視したり，陰で悪口を言ったりしているので，そういうことをするのはやめてほしいと言いたいのだけれど，足がガタガタ震えてしまっているというような場合です。

　そういうときは，エクササイズ「足の裏」か「3回呼吸」〔訳注：共に第5章〕を行なって，冷静で穏やかな状態になりましょう。

　「3回呼吸」では，マインドフルな呼吸を3回行ないます。ゆっくり息を吸い込み，吐き出して，自分の呼吸の感覚に注目します。もし心がさまよい出したら，注意を呼吸に戻しましょう。

　こうして呼吸を感じつづけているうちに，あなたは冷静になり，穏やかな気持ちになって，すぐにも話ができるようになります。

　いったん話しはじめたのちに，動揺を感じはじめたり，声が上ずっているのに気づいたりした場合は，なんらかの身体感覚——床に触れている足，椅子にかけているお尻，握り締めている手，呼吸など——に注意を戻します。コツは，いつでも身体感覚に戻ることです。

　会話が終わったあと，それが多少きつかった場合には——特にその成り行きについて自己批判していることに気づいた場合には——いつでも自分の好きなセルフ・コンパッションの瞑想をしてください。片手を心臓の上に置くだけでも，今回のことが難題であること，自分には優しくされるだけの価値があることを思い出すことができるでしょう。

　自分にとってきわめて重要なことがあり，自分の意見をはっきり言いたいという場合も同様です。たとえば，歴史の授業で議論が白熱する中，どうしても自分の意見を聴いてもらいたいと思っているとしましょう。クラスメートたちが自分の言おうとしていることに注目する可能性を高めるには，できるだけ感情的にならないようにしなくてはなりません。それに役立つエクササイズを選びます。しばらくしたら，どういう状況でどういうエクササイズが自分に役立つのか，その要領がつかめるようになるでしょう。

ティーンの言葉

怖いと思っている人たちと，以前よりもコミュニケーションを取ることができるようになっています。

やってみよう　うまく進められなかった会話の経過を追う

　以下のチャートは，会話が順調に進んだ場合と進まなかった場合の経過を追うのに役立ちます。これを使えば，毎回さまざまな形で起きることを記録することができます。そして，うまくいかなかった場合は，自分は人間であること，ミスを犯してもいいということを思い出しましょう。自分自身に優しくして，セルフ・コンパッションを実践しましょう。

この会話は誰としたものか？	何が起きたか？	会話終了後にどう感じたか？	会話終了後に自分をどう扱ったか？	うまくいかなかった場合，自分がすぐにしようと思うセルフ・コンパッションのエクササイズは？「音楽を聴いて瞑想する」はどうだろう？　それとも，第3章の「スージング・タッチ」か「自分のための瞬間」だけにしておく？

　重要なことをひとつ，憶えておいてください。それは，会話の中で相手が言う内容を最終的にコントロールすることは，自分にはできないということです。自分にできるのは，最善を尽くして「準備し」，相手が自分の話を聴いてくれる可能性を高めることだけです。終わったら，起きたことは手放さなくてはなりません。そして，たとえ会話が思うとおりに進まなかったとしても，自分自身に優しくしてください。会話は必ずしもうまくいくとは限らないものです。憶えておいてください。わたしたちは人間であり，これは人間としての暮らしがもつ一面なのです。思うとおりにいくことも，いかないこともあります。そして，わたしたちは最後までずっと自分自身に優しくしていいのです。

どう思いましたか？

　本章について，どんなことを思いましたか？　考えるヒントとして，以下にいくつか質問を挙げておきます。

　　あなたの「じっくり耳を傾ける」は，本章で説明したものと違っていましたか？
　　あなたが本心から話したとき，状況はどんな感じでしたか？
　　ここで説明した会話の仕方は，あなたのいつもの会話の仕方と違いますか？
　　もし違うとしたら，本章のやり方で人と会話をしたら，効果があると思いますか？
　　そう思うのはなぜですか？　そう思わないのはなぜですか？

_____

_____

_____

_____

_____

_____

ま と め

　一般的な暮らしの中で，わたしたちは会話に多くの時間を費やしますが，残念なことに，必ずしも本心から真実を話すわけでも，本当にじっくり耳を傾けているわけでもありません。したがって，他者とのコミュニケーションはしばしば，自分は理解されていない，自分はちゃんと話を聴いてもらっていない，実際の自分が評価されていない，尊重されていないなどという怒りや恐れから発生します。もっとゆとりをもち，時間をかけて，本当に本心から話し，他者の話にしっかり耳を傾ければ，わたしたちはこれまでよりはるかに誠実にコミュニケーションを取ることができます。そして，たいてい，こうすることで結局，ほかのやり方よりはるかに効果的に，自分の話を人に聴いてもらえるようになります。

　他者の反応が自尊感情を傷つける形で影響を及ぼすことは珍しくありません。次章では，セルフ・コンパッションは自尊感情とどう違うのか，自尊感情が砕け散ったとき，セルフ・コンパッションがどう役立つのかについて，読んでいきます。では，参りましょう！

第9章

自尊感情とは？

　自尊感情については，皆さん，たぶん，すでにたくさん聞いていることでしょう。でも，自尊感情はセルフ・コンパッションとはまったくの別物です。いずれも，自分自身に対する態度を言っていますが，類似点はまさにそれくらいしかありません。わたしたちはすでに，セルフ・コンパッションが何かを学びました。それは，気分が優れないときに自分自身に優しい態度を取ることです。**自尊感情**とは，この世界における自分自身の価値を自分がどう理解しているかであり，自信に似ています。そして，わたしたちは皆，自尊感情をもつことがいかに重要かをずっと聞かされつづけてきました。もし自尊感情があれば，自分自身について，もっと肯定的な気持ちになれるでしょうし，学校の成績が上がる可能性も高まり，友だちがたくさんできる可能性も高まります。もしあなたが，10代（はるか昔）のわたしに似ているとしたら，たぶん，自分のことをけっこうイケてると思うこともあれば，こんなにダメなやつはいないと思い，自分なんかと友だちになりたがる人がいるなんて想像すらできないということもあるでしょう。ティーンはしばしば，評価されている感じや自信に満ちた感覚はどうやったらもてるのだろう，どうして他の人たちにはそれがあるのに，自分にはないのだろうと思い悩んで，多くの時間を無駄にします。また，自分のことでクサクサしているときには，ちゃんとした自尊感情があったら，なんらかの形で自分の役に立ってくれるのだろうかなどと思うかもしれません。

　というわけで，これを理解するためには，自尊感情の歴史を少々知っておくと，助けになります。つい最近くらいまで，自尊感情はわたしたちのあらゆる問題を解決するのではないかと考えられていました。うまくやり遂げたことを褒めることで子どもたちの自尊感情を育てられるなら，子どもたちは自分自身のことをよく思うようになるだろうし，それは学校での成績アップにつながり，精神的に安定して自信に満ちた大人としての成功にもつながるだろうと考えられていたのです。

　それでどうなったと思います？　ほんの一部は真実であることがわかりましたが，多くは間違っていました。自分自身のことを良く思えるかどうかが成績の良し悪しを左右するとなると，危険な領域に足を踏み入れていくことになります。たとえば，サッカーでゴールを決めたら，自分が誇らしくて良い気分になります。でも，もしそのゴールが決まらなかったら，どうなりますか？　ゴールを外すのは人間なら仕方ありません。スーパースター

ですら，外すことはあります。でも，あなたの自尊感情もしくは自信は急激に低下して，自分は無価値で役立たずだと感じるのではありませんか？　つまり，自尊感情は一般的には良いものなのですが，その働き方に関しては，いくつか問題があるのです。

　自分自身についてどう感じるかの基準を自尊感情に置くと，何が起きるのかを調べてみましょう。次のエクササイズが，何が起きうるかを教えてくれます。

やってみよう　自尊感情の実態を理解する

　このエクササイズはふたつに分かれています。前半では，自尊感情の基準を，自分がどれだけやり遂げられたかに置くと何が起きるのかを探り，後半では，わたしたちが実際に，どのように自尊感情をもつようになるのかを論じます。

　まず，自分では得意だと思っていたことがうまくできなかったときのことを考えてください（ところで，これは誰にでも起きることなので，心配には及びません）。それはどんな状況でしたか？

_____

_____

_____

　そのあと，どう感じましたか？

_____

_____

_____

　つまり，自分自身に対する考え方・感じ方の基準を，自分がどれだけやり遂げられたかに置くと，その考え方・感じ方は**条件付き**になる──外的条件，それも，時に自分には手の打ちようのない状況によって，良くも悪くもなる──ということです。このような自己感覚はかなり不安定ですよね？　これは問題です。というのも，わたしたちはいつでも自分自身のことを良く思っていたいからです。

　そして，ふたつめですが，これは，わたしたちが実際に自尊感情をもつようになるプロセスについてです。

　しばらく時間を取り，自分がかなりうまくできるとわかっていることについて，考えてください。得意な数学，バスケットのシュート，楽器演奏かもしれませんし，きょうだい思いだとか友だち思いといったことかもしれません。あるいは，几帳面だとか，人と会う時間を守るといったことかもしれません。以下に，自分がかなりうまくできるとわかっていることを書きましょう。あなた以外の人がこれを読むことはありません。ですから，正直に書いてください。

_____

_____

　次に，どうして自分にはこれが得意だとわかるのかについて，考えましょう。（これには少し時間が必要かもしれません。時間をかけて考えてください。これはゆっくりやっても大丈夫だということを忘れないでください。こうした作業にはいくらか考えることが必要だからです）

_____

_____

　わたしの推測では，なんらかの形で，人と比較したのではないでしょうか？　たとえば，自分が数学が得意だとわかるのは，人より成績が良いからで，自分がかなり几帳面だとわかるのは，頭のどこかに自分ほどは几帳面でない人のことがあるからでしょう。あるいは，バスケットが得意だと思うのは，ほかのほとんどの人よりシュートが決まるからですよね。ですから，あることが得意だとわかると気分は良いのですが，自分と他者をこのように比較すると，実は心の中で自分を他者から切り離し，自分は相手より少し「上」だと感じるのかもしれません。違いますか？

　これは，「万人に共通する人間性」の逆です（第6章参照）。こういう状況下では，孤立した気持ちになり，孤独感が増します。たとえ自分のやり遂げたことを誇らしく感じるとしても，どこかでかすかに，他者との距離が開いたように感じるのです。ところが，わたしたちにとって本当に重要なのは，他者とつながっていると感じることです。前章でも，自分の話を聞いてもらうことがいかに重要かを学びましたが，これは，ほかの何にも増してわたしたちに必要なことかもしれません。そんなわけで，これは，自尊感情に関するもうひとつの問題点です。

　ところで，良いニュースがあります。なんだと思いますか？　セルフ・コンパッションは，自分自身との新しいつながり方を提供しているということです。それは，安定性にも信頼性にも優れていて，自分のやり遂げたことやその瞬間の首尾のいかんを基準にすることなく自分自身とつながることのできる方法です。セルフ・コンパッションとは，自分自身の良い友人でいるということです。そして，物事がうまくいっているときだけでなく，**特**につらい思いをしているときにこそ，自分自身の良い友人でいるということです。

> ### ティーンの言葉
>
> 自尊感情は，「いいね，よくやった」と言い，それは「自分は良い人だ」につながっていく。一方，セルフ・コンパッションは，「この出来は良くなかったけど，大丈夫。失敗したけど，大丈夫」と言う。

　第3章で，つらい思いをした親しい友だちにかけた優しい言葉について語ったことを憶えていますか？　それから，自分自身に向けたあまり優しくない言葉も憶えていますか？そして，それらの違いについて話し合ったことを憶えていますか？

　ともあれ，こうでなくてはならないというような決まりはありません。わたしたちは，友人に優しくするのと同じように，自分自身にも優しくすることができます。わたしたちは皆，自らの内側に優しさを備えていて，それは，人間であればごく自然なことです。わたしたちには，自分自身に思いやりをもつ能力があるのです。ただ，これまでその能力を使っていないので，慣れるのには少々時間がかかります。

　わたしたちが自分自身を思いやる（自分自身に優しくする）のは，必ずしも自分の気持ちを楽にするためではありません。もちろん，気分が良くなるなら，それに越したことはありません（それに，普通は途中でそうなります）けどね――。自分に思いやりをかけるのは，ほかでもない，気が滅入っているからです。

　したがって，セルフ・コンパッションとは，気が滅入っているときに自分に寄り添うことなのです。親や祖父母，友だちが慰めようとして寄り添ってくれるように，自分に寄り添うのです。寒気を感じたときに温かな毛布にくるまったり，冷え切った戸外から戻り，ほかほかのココアのマグを抱えて暖炉の前に腰を下ろしたりするのにも似ています。自分に必要なものを見つけ出し，間違いなくそれを自分に与えることによって，自分自身をケアするのです。

　そして，誰もがそれをする能力をもっています。誰もが自分自身に優しくする能力を備えているのです。ただ，そうすることに慣れていないだけです。あなたに役立つツールはいろいろありますから，このまま本書を読み進めましょう。

　これから紹介するエクササイズは，想像力を働かせることができるので，ティーンのお気に入りになっています。仰向けに寝て，体を楽にし，特別な場所へ魔法の旅をするところを想像します。

　でも，始める前に，開始前の気分を記録しておくと，あとで役立つかもしれません。

　自分自身の言葉を使っても，以下から選んでもかまいません。たとえば，不愉快，かなり良い気分，悪くはない，まずまず，今日は最高の気分，最高に幸せ，落ち込んでいる，悲しい，怒っている，イライラしている，すごい，嬉しくて飛び跳ねたいくらい，最悪，

なんてこと！，怖い，悲しくてたまらない，など。

　こんなふうに感じなくてはならないというような感じ方はないことを忘れないでください。何を感じていようとも，それがあなたの感じていることであり，それ以上でも以下でもありません。

　1から10までのスケールで，1は最悪，10は最高の気分だとしたら，今の自分の気分はどの数字に当たりますか？　＿＿＿＿＿＿

　では，始めましょう。

やってみよう　思いやりのある友人

　もし，このエクササイズについて，以下の説明を読むよりも音声ガイドを聴きたいと思うなら，http://www.newharbinger.com/39843 からダウンロードしてください。

1. 目は閉じてもよいこととし，まず，2，3回大きく息を吸い込み，肩の力を充分に抜きます。

2. 次に，注意を呼吸に向け，自分の体が息を吸ったり吐いたりするのをひたすら感じましょう。

3. 少し時間をかけ，自分が安心して，心地よくリラックスできる場所を思い描きます。それは，現実にある場所でも，想像上の場所でもかまいませんが，自分が気持ちよく呼吸でき，いかなる心配事も手放せる場所でなくてはなりません。たぶん，その場所は，大自然の中の，浜辺とか，近くに小川が流れる森の中などにあるでしょう。あるいは，自分の寝室の隅っことか，居心地のよい親友の家かもしれません。その場所を，可能なかぎり細かいところまで——さまざまな音，におい，とりわけ自分がその場所でどう**感じている**かまで——想像しましょう。

4. つづいて，ほどなく人が訪ねてくるところを想像します。やってくるのは，温かな心をもった優しい友人です。この友人はあなたのことを心から愛していて，まさにありのままのあなたを受け入れています。それは，自分の友だちのひとり，最愛の祖父または祖母，大好きな先生など，実在の人物かもしれませんし，読んだ本の登場人物，ペット，ひょっとしたら漫画や映画のヒーローやヒロインかもしれません。

131

5. その人物なりペットなりを，できるだけ細かなところまで想像します。特に，その人（もしくは存在）が傍らにいるとどういう感じがするのかを詳細に想像してください。

6. あなたは，自分の安全な場所を出て，その友人に会いに行くこともできますし，友人を自分の安全な場所に招くこともできます。いずれかを選びましょう。一方を選んだら，今そうしているところを想像します。

7. その相手と，ちょうど良い間隔を取って座ります——あなたは今，これ以上ない心地よさと安心を感じ，完全に受け入れられている，愛されていると感じています——そして，この「思いやりのある友人」は自分のことを心から案じ，自分が幸せであることをひたすら願っていることを思い出しています。

8. 少し時間を取り，この「思いやりのある友人」のいるところで，自分がどう感じているかを楽しんでください。

9. この人物もしくは存在は今あなたと共にここにいて，あなたがあなたであるとはどういうことか，あなたが今，人生のどういう位置にいるのかを正確に理解することができ，あなたが何に苦しんでいるのかも正確に理解しています。

10. 何よりも，この人物もしくは存在は，たぶんほかの誰にもできないやり方で，ありのままのあなたをそっくり受け入れ，完全に理解しています。

11. この人物もしくは存在には，あなたに伝えておきたい重要なことがあります。それは，あなたが今ここで，なんとしても聞いておか**なくてはならない**ことです。

12. 相手が伝えたいと思っている言葉をじっくり聴くことができるかどうかをチェックしましょう。ひょっとしたら，慰めとなり支えとなる言葉を自分自身の心の中で聞くだけになるかもしれません。

13. そして，たとえひと言も言葉が浮かんでこなくても，それはそれで大丈夫です。自分の「思いやりのある友人」と共にいることを，ただただ楽しんでください。

14. さて今度は，たぶんあなたのほうに，この友人に伝えたいことがあるでしょう。この友人はとても聞き上手で，あなたのことを完全に理解しています。さあ，何か伝えたいことはありますか？

15. 最後にもうしばらく，この友人と一緒にいるのを楽しんだら，友人に別れを告げます。でも，必要なときにはいつでも，またこの友人を招待できることがわかっています。

16. 今あなたは再び，自分の安全な場所にひとりでいます。今起きたことを心から味わってください。そうしながら，たぶん，今聞いた言葉について考えをめぐらすことでしょう。

17. そして，この瞑想が終了する前に，この「思いやりのある友人」は**あなた**の一部分であることを，どうか思い出してください。あなたが感じていた存在，あなたが聞いた言葉は，あなた自身の深層の一部分です。あなたが感じた慰めと安らぎは，いつでもあなた自身の内面にあります。必要なときにはいつでも，この安全な場所とこの「思いやりのある友人」のところに戻ってこられることを知っておいてください。

18. 注意を自分の呼吸に戻しながら，静かに目を開けましょう。

　では，今どう感じているかをここに書きましょう。ここでもまた，自分自身の言葉を使っても，以下から選んでもかまいません。たとえば，不愉快，かなり良い気分，悪くはない，まずまず，今日は最高の気分，最高に幸せ，落ち込んでいる，悲しい，怒っている，イライラしている，すごい，嬉しくて飛び跳ねたいくらい，最悪，なんてこと！，怖い，悲しくてたまらない，など。

　1から10までのスケールで，1は最悪，10は最高の気分だとしたら，今の自分の気分はどの数字に当たりますか？　＿＿＿＿＿

　このエクササイズをすることが，自分にとってどんなだったかについて，ほかにも何か言っておきたいことがありますか？　あなたの体験は**あなた**の体験であり，それ以上でも以下でもないこと，それについて何を感じても，何を思ってもまったく問題ないことを忘れないでください。

> ### ティーンの言葉
>
> それはとても安心できる場所でした。わたし，とてもすてきな場所を考え出したん
> です。1カ所にわたしの好きなものが全部集まっています。山が好きで，丸太小屋
> も好きだから，それを想像したってことです。霧の立ち込めた朝みたいで，とにか
> く本当に安心できて，静かな感じでした。だから，ちょっとストレスがたまったか
> なって感じると，すぐにそこに行くんです。

　さて，次に紹介するのは，別の種類のエクササイズです。このエクササイズは内省的で，誰もが自らの中にもつあの「思いやりのある友人」——いつでもそこにいるのに，ときに注意を向けてもらえない友人——にアクセスするのに役立ちます。これはまた，耳の中で叫びつづけることがあるもうひとつの声——自分を裁く批判的な声——を弱めるのにも役立ちます。これは，セルフ・コンパッションの育み方，自分自身に優しくする方法を教えてくれるので，たとえ何があろうとも，自分自身について肯定的な気持ちでいられるようになります。そういう気持ちになりたいからと言って，自尊感情や人生での実績に頼る必要はありません。

やってみよう 思いやりのある声を育てる

　もし，このエクササイズについて，以下の説明を読むよりも音声ガイドを聴きたいと思うのであれば，http://www.newharbinger.com/39843 からダウンロードしてください。

　最初に，以下についてよく考えましょう。

　わたしたちは皆，自分自身を構成する「部分」をたくさんもっていて，各部分にはそれ自身の声があります。このエクササイズでは，まず，自分の批判的な一部分の努力を認めます（わたしたちはこの一部分を「内的批評家」と呼んでいます）。そののちに，思いやりと愛に満ちた一部分を見つけて，受け入れます（わたしたちはこの一部分を「思いやりのある声」と呼んでいます）。これは，内的批判家を鎮め，思いやりを育てるのに役立ちます。

　少し時間を取り，四六時中頭の中でぺちゃくちゃしゃべっている内なる批判の声（別名「内的批評家）について考えましょう。その声は，「あれは，やり方がまずかった！」「わたしって，どうしようもないばか！　なんであんなこと，しちゃったんだろう？」「そんなこと，しないほうがいいって，わかってるのに！　ぼくはどうしてあんなばかなことしたんだ！」などといったことを言います。この内的批評家には何か目的があると思いますか？　もしそう思うなら，その目的とは何でしょう？　以下にあなたの答えを書いてください。

_____

_____

　内的批評家の目的については，本人にやる気を起こさせ，振る舞いを改善させ，それ以上の批判を避け，期待レベルを下げることで自分自身をがっかりさせないようにし，人の気分を良くすることで，人からもっと好かれるようにすることだと，以前から主張している人もいます。もし，これらの理由の中に正しいと思えるものがあるなら，それをここに書きましょう。あるいは，あなたの内的批評家は別の目的をもっているかもしれません。その場合も，それをここに書きましょう。

_____

_____

　あなたの内的批評家は，なんらかの形であなたを守ろうとして，いつも側にいるのかもしれないと思いますか？　（いずれかを丸で囲みましょう）

　　　はい　　　　　いいえ

　もしそうなら，内的批評家はどのようにして，あなたを守ろうとしているのか，言えますか？

_____

_____

　今度は，自分が**変えたい**と思っている行動について考えましょう。自分を責め立てる原因になるような行動がありますか？　変えることが不可能な特徴──たとえば鼻が大きいなど──を取り上げないことが重要です（わたしはティーンのころ，自分の鼻がやたら大きいと思っていて，もし可能だったら，絶対に変えるほうを選んでいたと思います）。
　そういう特徴ではなく，以下の例のような，役に立たないと思われる行動を選びましょう。

　「食べ過ぎ」
　「運動不足」
　「学校の勉強や宿題を先延ばしにする」
　「親きょうだいにイライラする」

　では，その行動を自己批判しているのに気づいたとき，自分自身に向かってよく言う言葉を書いてください。内的批評家はなんと言いますか？　どんな口調で言いますか？

_____

_____

　少し時間を取り，これまで自分の内的批評家がどれだけ自分を苦しめる原因になっていたかを考えましょう。それについて，ここに書いてください。

_____

_____

　そうした厳しい言葉を聞きつづけることがどんなにつらいことかを思い，自分自身に思いやりの気持ちをもとうとしてください。ここに，自分にかける優しい言葉を少し書いてみましょう。たとえば，「そんなに長い間，こうした言葉を聞きつづけなくちゃならなかったなんて，本当にかわいそう」「あなたはとても親切で良い人だし，わたしには，あなたがベストを尽くそうとすごく頑張っているのがわかっている。大事なのは，そこよね」「きみは，なんて善良な心のもち主なんだ」などです。わたしたちも皆そうですが，あなたもそうした優しい言葉に値する人間です。それを忘れないでください。

　つづいて，以下について考えます。あなたの内的批評家は，たとえその過程であなたを傷つけていても，なんらかの形であなたを守ろうとしてきたのだと思いますか？　それの元々の意図は，善意から出たものだったかもしれないと思いますか？

　もしそう思うのなら，あなたの内的批評家はどのようにしてあなたの安全を維持しようとし，察知されたなんらかの危険からあなたを守っているのか，ひょっとしたらと思うことを書いておきましょう。

　もしあなたの内的批評家がどのようにしてあなたを手助けしようとしていたのか，何も考えつかなかったら——そういうことも時にはあります——そうした過去の自己批判のせいで味わってきた苦しみを思い，どうか自分自身に思いやりをかけつづけてください。

　今，そうしてください。しっかり時間をかけましょう。

　まだ書きたいと思う言葉があれば，ここに書きましょう。浮かんでくる言葉をそのまま書くのです。遠慮は要りません。自分自身に優しい言葉をたくさん，たくさん，存分にかけてあげてください。

　内的批評家がどのようにしてあなたの安全を維持しようとしているのかがわかったら，内的批評家のその努力を認めて，ちょっとした感謝の言葉を書けるかどうか，やってみましょう。内的批評家に，長期的に見ればそれは自分の役には立たないかもしれないけれど善意からのものであったこと，批評家は批評家なりの最善を尽くしてくれていたことを，わかってもらうのです。以下に，その感謝の言葉を書きましょう。

　自分の一部分である内的批評家からの言葉は，こうして聞き届けたので，今度は，別の部分からの言葉を聞くことができます。それは以下のような部分です。

　　もっと優しくて穏やかな声
　　賢明な部分
　　この行動があなたをいくらか傷つけていることを，たぶんわかっている部分
　　まったく別の理由で，やはりあなたに変わってもらいたいと思っている部分

　この声と連絡が取れるかどうか，チェックしましょう。
　もし自分にとって心地よいと思うなら，両手を心臓の上に置き，心臓に伝わる手のわずかな重

みと温かさを感じてください。

　では，今自分が苦しんでいる問題について考えます。

　心の中で，自分自身に短い言葉をかけましょう。自分が心から共感でき，自分に役立つ言葉を使ってください。以下は提案です。

> 　わたしはあなたのことを心から大切に思っている。10代という年頃は時にすごくきついこと，今向き合っていることすべてに対処するのはとても厄介なことを，わたしはよくわかっている。
> 　きみは今，大脳の変化，体の変化，友だちや家族との関わり方の変化，学校でのプレッシャーを体験している。
> 　10代っていうのは，実に，実に，きついよ。
> 　だから，もうこれ以上苦しんでほしくない！

　もしこの作業がうまくできなかったり，自分に役立つ言葉をなかなか考えつかなかったりする場合は，親友だったら自分にどう言ってくれるだろう，ペットがもし話せるとしたら，自分にどう言ってくれるだろうと，考えましょう。あなたが何かで苦しんでいることを知ったら，ペットはなんと言ってくれますか？　どういう言葉をかけてくれるでしょう？　（実際，ペットはしばしば，飼い主が何かで苦しんでいることを知っていますよね？）

　たぶん，こんな言葉でしょう。

> 　あなたのことを心から大切に思っている。ぼくはここにいて，あなたを守り，あなたを大事にする。
> 　大好きよ。あなたには幸せになってほしいの。
> 　あなた以上の人はいない。わたしはずっと，あなたのためにここにいる。

　さあ，以下に，自分宛ての手紙を書きましょう。思いやりのある自己，「思いやりのある友人」，ペットになったつもりで，自由に思うままを書いてください。

_____

_____

_____

_____

　自分への手紙を書き終えたら，自分の体験について，以下に好きなだけ書きましょう。書くことで，考えが明確になることがよくあります。

　あなたにとって，このエクササイズはどんな感じでしたか？　このエクササイズに関して，特に印象に残っている点はありますか？

　内的批評家の声を聞くことができましたか？　それはどんな感じでしたか？

　思いやりのある声を聞くことができましたか？　それはどんな感じでしたか？

　思いやりのある声を聞くことができた場合，それは役立ちましたか？　役立ったとしたら，どんなふうに役立ちましたか？

_____

_____

_____

_____

_____

　裁き，批判し，時にやたら厳しい声をかける内的批評家は，善意からそうしていることがよくあります。それは，あなたの安全を維持しようと努力しつづけているのに，たぶん，それにふさわしい良い方法がなくて，少しきつすぎるくらいに——あ，そうね，たぶんすごく意地悪く——主張したのでしょう。その善意は認めてください。そして，それと同時に，別の内なる声——わたしたちがよく友だちに対して使うような，優しくて寛大な声——に耳を傾け，その声を使って，自分自身に優しくしましょう。

どう思いましたか？

　この章を読み終えて，何か意見はありますか？　本章のエクササイズについて，どう思いますか？　いずれかは，自分に特に「ぴったり」だと思えましたか？　読み終えたあとの思いを，下の余白に文字や絵で記録しておきましょう。

ま と め

　さて，わたしたちは何を学んだのでしょう？　セルフ・コンパッションは自尊感情とは大きく異なっています。セルフ・コンパッションは，常に——物事がうまくいっているときだけでなく——自分のためにそこにいる自分自身とつながる方法です。実際，落ち込んでいるとき，優しさや支えが必要なときに，自分がそれをもっていたら，とても便利です。そして，自分のセルフ・コンパッションを育てる方法はたくさんあります。とりわけ役立つのは，賢明な「思いやりのある声」が常に自分の中にあることを思い出すという方法です。練習をすれば，その思いやりのある声を，もっと頻繁に聴くことができるようになります。そして，やがて，そうすることが，そう，心地よく感じられるようになっていきます。自分が本当に，優しさと支えと愛に満ちた自分自身の友人になれるとわかったら，気持ちがとても楽になりますよ！

　次章では，わたしたちにとって本当に重要なこと——価値観——を取り上げます。そして，何かに気を取られ，自分の価値観に従った生き方をしないとどうなるかを見ていきます。もちろん，セルフ・コンパッションがどう役立つかも掘り下げます。では，読み進めましょう！

第Ⅳ部

ありのままの自分を受け入れ，
喜びを見出す

第 10 章

自分の価値観で生きる

　わたしたちは自分の中のどこか奥深いところで，自分にとって本当に重要なことが何かをわかっています。何に価値を置いているかをわかっているのです。必ずしもこうした価値観に従って生きているわけではないかもしれませんが，自分の中核の奥深くで，自分が何を信じているか，わかっているのです。このことから，わたしたちはこの深奥の価値観を，**中核的価値観**と呼んでいます。そして，真のセルフ・コンパッションをもつためには，それらがどういうものであるかを知り，自分の中核的価値観からさまよい出たときに，自分自身を連れ戻すことができるようにしなくてはなりません（わたしたちは皆，これを時々やっています）。わたしたちは自分の中核的価値観に従った生き方をしていないとき，しばしば自分にひどくつらく当たる傾向があります。この世界における自分の在り方や他者に対する行動の仕方が気に食わないからです。そういうときは，自分のことがあまり好きではなくなるので，まさにセルフ・コンパッションが必要になります。

　価値があるとして重んじることは人によってさまざまで，親密な家族や友人がいることを大切にする人もいれば，大自然に包まれていること，宗教的信条を貫くこと，良い教育を受けることを大切にする人もいます。また，政治的活動や人道的活動をすること，人生を芸術と音楽で満たすことを尊重する人もいるでしょう。たいていの人はこうしたものを多数大切にしていると思いますが，それぞれの大切さの度合いには違いがあります。

　本章では，何が自分の中核的価値観なのかを明らかにするためのエクササイズを行なったあと，それらを忘れたときには，自分を誘導してその価値観に引き戻すことを，自分に約束します。このエクササイズが「わたしの家／わたしの自己」と呼ばれるのは，家のイメージを使うことで，自分にとって重要なものにアクセスしやすくなるからです。

やってみよう わたしの家／わたしの自己

　ここでは，あなたの「家」について一連の質問をしますので，それらに答えましょう。家のイラストを用意したのは，あなたが自分の中核的価値観と連絡を取りやすくするためです。もし，自分の価値観を明らかにするための質問すべてに答える必要はないと感じたら，それはそれでオーケーです。質問は，あなたに考えてもらうためにしているだけですから。回答は質問の下に書いてもいいですし，以下の家のイラストに書き込んでもかまいません。このエクササイズは，必ず，少なくとも 20 分は時間を確保できるときにしてください。各質問についてじっくり考えるには，充分な時間が必要です。

土台：あなたにとって，土台となっているもの，もっとも重要なものは，何ですか？

窓：家の窓から未来を眺めたとき，何が見えますか？

玄関アプローチ：自分を家に導いてくれるもの——あなたが信じていること——は何ですか？

庭：どのような種類の事柄を，自分の人生で育て，高めていきたいと思っていますか？

家の内部：これまでの人生で，あなたに影響を与えてきたのは誰ですか？

煙突から出る煙：自分の中のどの部分を世の中に送り出したいと思っていますか？

塀：家から遠ざけておきたいと思うのは，何ですか？

屋根：どういうとき，家に引きこもっていたくなりますか？　あなたの行動を制限しているのは，何ですか？

レンガ：あなたをひとつにまとめているのは，何ですか？

自分の家に何かを追加したい場合は，遠慮なくそうしてください。

さて，これであなたには，自分にとってもっとも重要なことや，時に自分に制限をかけるものがわかりましたので，次の質問をします。あなたが自分の価値観に従って生きようとするとき，何が最大の障害になると思いますか？

_____

_____

_____

仲間からのプレッシャーのせいで，自分の中核的価値観に従って生きるのがとても難しくなると感じているティーンはたくさんいます。言い換えると，森の中で独り静かに座り，一時間ほどスケッチがしたいと思っても，友だちと一緒にショッピングに行かなくちゃというプレッシャーを感じて，友だちには簡単に「ノー」と言えないことが多い，ということです。

仲間からのプレッシャーはどのような形で，あなたが中核的価値観に従って生きるのを妨げていると思いますか？

_____

_____

_____

　友だちに「ノー」と言うのがすごく難しいことがわかった今，すぐに自分に優しくできますか？ 自分自身に優しい言葉をかけるとしたら，どんな言葉ですか？　たとえば，「10代って，たいへん。それに，自分にとって何が正しいことか，いつも把握しておくなんて，無理よね。時々は何が一番大切かを忘れたっていいんじゃない？　思い出せば，自分の価値観どおりの生活に，いつだって戻れるんだから」といった感じでしょうか。

　自分の中核的価値観に従って生きていないからと言って，自分を批判するのではなく，自分を許し，自分が人間であることを自分に思い出させましょう。そのあと，再出発すればいいのです。

　それに，自分の中核的価値観を思い出せるようにするための手立ては，いろいろあります。ひとつは自分に約束することです。自分がさまよっていること，自分にとって本当に大切なことに従った生き方をしていないことに気づいたら，自分が大切にしているものに戻る努力をすると，自分に約束するのです。

　自分にする約束は，戻るべき場所を示す道しるべ，もしくはリマインダーに過ぎません。その約束がうっかり破られることがあるのはわかっています。わたしたちは人間ですからね。でも，そのあとで，「ああ，そうだった，自分に約束していたんだ」と，思い出すのです。そして，自分が大切にしているものに戻るのです。それでいいのです。

やってみよう　自分に約束する

　自分自身に約束するために，まず，自分の中核的価値観の中で，ほぼ毎日大切にしていたいと思っていることをひとつ特定します。たとえば，家族を大切にすること，正直であること，教育，宗教，戸外で過ごすこと，友だちと過ごすこと，などでしょうか。

　その中核的価値観はどんなものになりそうですか？　_____

　この中核的価値観に従って生きていくためには，どんな約束ができますか？　たとえば，その価値観が，生活の中に芸術を取り入れることであれば，「わたしは毎日，スケッチの時間を確保することを約束します」といったものになるかもしれませんし，良い友だちであることを大事にしているなら，「友だちが話をしているときは，心からしっかりその話を聴こうとすることを約束します」になるかもしれません。

　どんな約束を自分にしたいと思いますか？

_____

_____

_____

　この約束を書き留めて，いつも目に入る場所――たとえば，自分用の鏡，パソコン，携帯電話など――に貼っておくのもひとつの方法です。そのほかにも，携帯電話のアラームを特定の時間に鳴らすようセットし，アラームが鳴るたびに，自分の約束を自分に言って確認するというやり方もあります。あるいは，さまざまなウェブサイトにアクセスするときのパスワードは全部わかっているはずですが，自分の約束から単語をひとつ，ふたつ選んで，それをパスワードにしてもいいでしょう。そうすれば，約束を思い出しやすくなります。

　どのような方法を取るかは，たいして重要ではありません。大切なのは，自分が重んじているものに戻ることを思い出すことであり，気が散ったり忘れてしまったりしたときに，自分につらく当たらないことです。そして，自分の中核的価値観が何であるかを思い出し，その価値観からさまよい出したときに自分を責め立てないようにすれば，自己批判的な傾向を減らし，ありのままの自分を受け入れられるようになっていくはずです。

どう思いましたか？

　中核的価値観を自分の中心間近や中心自体に保持しつづけるために，あなたはどんな方法を取りますか？　その方法は，自分が自分に対して，前より正直になったと感じるのに役立つと思いますか？　あるいは，自己批判が減ったと感じるのに役立つと思いますか？

　あなたが思ったことを，ここに，文字なり絵なりで記録しておきましょう。

_____

_____

_____

_____

ま　と　め

　自分の中核的価値観に従った生活をすると，あるがままで心地よいという感じが増し，自己批判が減り，本当に自分らしくしていられるようになります。自分にとって重要なことを忘れたり，それからさまよい出したりしても，自分を裁く必要はまったくありません。そういうときには，自分が人間であることを思い出して，自分に優しくし，価値観に従った生き方に戻ってください。そうしてこそ，自分を心から大切にし，自分を認めることができるようになります。

　次章では，驚くほど多くの生活の場で，ありがたいと思うものを見つけられるということについて，読んでいきます。感謝するものが見つかると，悲しみや不安が薄らぐだけでなく，当然ながら感謝の気持ちが湧き上がり，喜びもあふれるようになります。

第11章

感謝する

感謝——わたしたちはこの言葉を，特に感謝祭の前後になると，よく耳にします。そして，もしあなたがわたしと同じなら，これはちょっと重い感じがすることでしょう。もつべきなのに，たぶんもっていないもの——あるいは，少なくともあまり頻繁にはもち合わせないもの——という感じがして，罪の意識まで生じたりします。それは，感謝の気持ちをもつべきだとわかっているのに，そう，実はそれがないからです。

では，なぜわたしたちはあまり感謝しないのでしょうか？

まず，それは自分のせいではないことを知ってください。第5章で説明したネガティビティ・バイアスを憶えていますか？　進化の観点から言うと，わたしたちは生物として，自分の安全を守るように生まれついています。そして，身を守るためには，身辺に自分を傷つけるものがないか，目を光らせていなくてはなりません。したがって，自分を傷つけそうだと思うものには，簡単に気がつくのです。たとえば，人の目くばせがそう思えたり，クラスメートのうわさ話が攻撃的に感じられたり，やってしまったかもしれないちょっとしたミスまで，将来どこかで自分を傷つけるのではないかと思ったりするのです。

わたしたちはそうした否定的な材料をすべて取り上げ，自分を守るための準備をします。警戒するわけです。でも，それでどうなると思います？　結局は，しばしば，さまざまな出来事を実際よりもはるかに否定的に取り違えてしまい，自分を守るためにはどんなことでもしようとするようになります。

　あなたは，なんらかの出来事を，実際よりもはるかに否定的に取り違えたときのことを思い出せますか？（当てはまるものを丸で囲みましょう）

　　はあ？　そんなの，しょっちゅうに決まってる。
　　はい，一度。
　　この頭の中を覗いたかなんか，した？　なんでわかったの？！
　　そういうことは一度もない。本当に一度もない。それに，自分は嘘をついたこともない。
　　はい，はい，言いたいことはわかりました。先に進もうよ。

　わたしたちは自分の「安全」を守るよう配線されていますが，それは，わたしたちが幸せだという意味ではありません。
　ですから，幸せで（感謝に満ちた状態で）あるためには，さらに特別な努力をして，そこここにある良いもの——つい微笑みたくなるようなもの，たとえいっときでも喜びをもたらしてくれるもの——を探さなくてはなりません。そして，ひとたび周囲を眺めはじめたら——**あなた自身が本気になって眺めはじめたら**——この世界にはそうしたものが無数にあることがわかるようになります。さあ，びっくりする覚悟はできていますね。
　では，やってみましょう。次のエクササイズを行なうと，喜びをもたらしてくれるものが日常生活にあふれていることに，楽しみながら気づくことができるようになります。

やってみよう　携帯電話で写真を「phinding」（ファインディング）する

（「phinding」という言い方が変なのはわかっていますが，使わずにはいられなかった！）

　これは，20分ほどでも，1時間でも，それ以上の時間をかけても，行なうことができます。とても楽しいので，ちょっと時間をかけてやりたいと思うはずです。自分の携帯電話が必要です（でも，携帯電話をもっていなくても大丈夫です。写真撮影の部分を飛ばせばいいだけです）。

　1. このエクササイズは，戸外ですると最高に楽しめますが，屋内でも大丈夫です。ぶらぶらしながら，つい微笑みたくなるようなものを見逃さないようにします。なんでも対象になりえます。満開の花の色でも，長椅子で丸くなって眠っているペットでも，樹皮を這っていく面白そうな昆虫でもオーケーです。

2. そういうものに出会うたびに少々時間を割き，心からそれを楽しみましょう。自分の感覚をフルに働かせてください。その手ざわりを味わい，においもあるなら，それを楽しみ，じっくり観察します。子どものころ，何時間経ったかと思えるほど長い間，アリ塚の周りでうごめく無数のアリを眺めて過ごしたことを思い出してください。そんなふうにするのです。

3. そういうものに注意を集中させているとき，どんな気持ちになっているかに気づいてください。そして，それの写真を１，２枚，携帯電話で撮ります。

4. しばらくそれを眺めたあと，またぶらぶらして，つい微笑みたくなるようなものを見つけます。新たに見つけたものについても，先ほどと同じことをします。つまり，感覚をフル活用してしばらくそれを楽しみ，写真を２枚ほど撮って，もう充分だと思ったら，先に進みます。

5. なんなら，帰宅してから，撮った写真をパソコンに取り込めば，微笑みをもたらしてくれるものを集めたフォルダーを作成することができます。次に気分が落ち込んだり，つらい一日を過ごしたりしたときには，そのフォルダーを開くだけで，ほら！　つい微笑みたくなるもののオンパレードです。

　このエクササイズをしたあとの気持ちを，以下に文字か絵で記録しておきましょう。エクササイズを始める前の気分とは違っていますか？

_____

_____

_____

　このエクササイズを定期的に行なうとしたら，平生の気分を改善するのにどう役立つと思いますか？　（当てはまるものにチェックを入れましょう）

- ☐　自己批判的な考えから抜け出すのに役立つと思う。
- ☐　自分を本当に幸せにしてくれるものが何かを思い出すのに役立つと思う。
- ☐　携帯電話を親に取り上げられたとき，取り返すのに役立つと思う。
- ☐　ぶらぶらするのは，年寄りのすることのような気がする。
- ☐　ぶらぶらするのは，よちよち歩きの子どもがすることのような気がする。ベビーカーに乗ろうよ，とか思っちゃう。
- ☐　状況はあまり改善しないように思う。もう自分を幸せにしてくれるものに気づいてしまったから！
- ☐　このエクササイズをしたおかげで，わたしはこの世界と，この世界にあるものが全部，大好きになった。
- ☐　その他 _____

　たぶんおわかりだろうと思いますが，このエクササイズは，「ネガティビティ・バイアス」を修正することによって，全般的な幸せ気分を高めるのに役立ちます。注目する先を，自分自身や自分の闘いから，喜びをもたらすものに転じるからです。

　そして，このエクササイズで何よりもすばらしいのは，こうしたものはいつでも手に入るのだと，しっかり認識できることです。それなのに，わたしたちはたいてい，自己批判的な頭の中を駆けずり回るのに忙しくて，そういうものに目を留めません。

　このエクササイズのバリエーションとしては，一日中携帯電話をもち歩いて（すでにそうしているのは知っています！），その日の生活を送る中で，つい微笑みたくなるようなものに注目するというやり方もあります。それは，何人かの友だちとぶらぶらする，自分のチームが試合に勝つ，コンサートでお気に入りのバンドの演奏を聴くというような大きな出来事のこともあるでしょうし，妹の顔に浮かんだおどけた表情，友だちがスケートボードでとんでもない技を見せたというような，束の間の出来事のこともあるでしょう。写真を撮り，携帯電話かパソコンのフォルダーに保存しましょう。たびたびそれらを見るのを，お忘れなく！

ティーンの言葉

大自然ってすごいなあって，前よりもっと思うようになった。いろいろな音も，それに触れるときの感じも，すごく美しいことも，それに，人間にはコントロールできないものなんだってところも，すごい。

うーん，なんて言うか──この世界って，なんて大きくて美しいんだろうって，実感させられる。それに，人生がどんなに悪いほうに転がっても，美しい世界はいつも変わらずそこにあるんだよね。

　さて，あなたはもう，自分に喜びをもたらしてくれる身近なものに気づいていますから，感謝の気持ちをもつまでには，あとほんの半歩です。もっとはっきり言えば，自分がもう感謝していることに気づいているはずだと，わたしは踏んでいます。

　次のエクササイズでは，感謝すると全体的に気分が良くなることがわかって，目を見張りますよ。

　まずは，今の気分に注目して，以下のライン上に，それを示す×マークをつけましょう（ところで，どうしていつも×マークをつけるんでしょうね？　自分の好きなマークを使ってかまいませんよ）。

落ち込んでいる　　　　　　　　　　　　　　　　　　　　　　　　　　　　楽しい！

　では，もうひとつ，ちょっとしたエクササイズをしましょう。

やってみよう　わたしは何に感謝している？

　用意するもの：　携帯電話のストップウォッチ，もしくは，なんらかのタイマー

　1分間，自分が感謝していることを全部，書き出します。友人や家族，住む家など，はっきりわかっているものもあるでしょうが，ちょっとしたものも忘れないでください。たとえば，お気に入りのペン，ベーコンの焼けるにおい，いろいろな味のゼリー菓子などです。

　1分間，ひたすら書きつづけます。何も思いつかなくて手が止まったら，何かを思いつくまで，

すでに書いたことを何度も繰り返し書きましょう。

では，タイマーを1分にセットして——始め！

　1分経ったら，自分の気分の変化を記録します。マークは，なんでもお好きなものを使ってください。

落ち込んでいる　　　　　　　　　　　　　　　　　　　　　　　　　　　　楽しい！

　いくらか気分は良くなりましたか？

　通常，時間を取って，自分が感謝している生活内のいろいろなものに注目すると，気分は良くなります。それどころか，研究が明らかにしているところによると，生活の中で肯定的なものに努めて注目する人は，そうしない人に比べて，一般的に気分良く過ごしています。

　そうすることを，つまり，感謝しているものに注目することを，習慣にしましょう。習慣にするには，普通の紙の日記でも，無料アプリでもかまわないので，毎日，感謝日記を付けることです。無料アプリは，携帯電話でダウンロードして利用できるものがたくさんあります。ぜひやってみてください。本当に，楽しいですよ！

> ### ティーンの言葉
>
> 今はもう，ストレス以外にもいろんなことがあることや，そう，抽象的な考えや事柄とか，今起きているほかのことを考えなきゃいけないってことが，よくわかっています。
>
> もし本当にそれがうなずける話なら，ぼくはこの世界でもっと向上したいと思う。だから，不適切な行動には，なんであれ，あまり集中しないようにして，もっと向上できそうなことへの集中を高めるんだ。

　というわけで，心から感謝するものに努めて注目するようにすると，否定的なこと——そのことで自分を責め立ててしまうようなこと——にはあまり集中しなくなり，この世界に存在するそれ以外のあらゆることにエネルギーを集中するようになります。先ほどのティーンたちが言っているように，その気になれば，抽象的な考えや，この世界での向上にも集中できるのです。

　生活の中にある良いものに，努めて感謝することに加えて，**自分自身の中にある良いも**

のにも，努めて注目してください。

えっ？自分自身に感謝するの？からかってる？それはちょっと行き過ぎなんじゃ……

いいえ，わたしはからかってなんかいませんよ，本当に。

自分に感謝するというのは，普通，なじまない考え方のように思えるのはわかっています。特にティーンには，余計そう感じられるでしょう。でも，わたしの推測では，本書をここまで読んできたあなたには，わたしがからかっているのではないことがわかっているはずです。自分自身に心から感謝すること，ありのままの自分を心から尊重すること，それも，**特に**へまをしたり，物事があまりうまくいっていなかったりするときに，そのようにすることは，本当に，嘘偽りなく，絶対に可能だとわかっているはずです。

それには実践が必要なだけです。

そして，実践とは，自己批判的になっているけれども，本当はそうなる必要のない，まさにそのときに，ほかにも道があると自分に言い聞かせることです。自分に思いやりをもつことで，心から自分に感謝できるようになるのだと，自分に言い聞かせることです。

わたしたちは，自分自身の**好きではない**部分を非常にはっきり憶えていて，**好きな**部分についてはあまりよく憶えていない傾向にあります。ネガティビティ・バイアスを憶えていますか？　それがここにも表れています。

そこで，自分に感謝するエクササイズとして，いつでもできるものを用意しました。これは，心から好ましく思っている自分自身のもつ資質を思い出すのに役立ちます。自己批判にはさよならして，これからは自分の真価を認めて自分に感謝しましょう。

やってみよう　自分に感謝する

1. 心地よい体勢になり，目を閉じて，自分の体に生じているどんな感覚にも注意を払います。これに，2，3分かけましょう。

2. 次に，少し時間をかけて，自分自身に関することで，心から感謝していること，本当に好きだと思うことを，ひとつかふたつ，考えます。誰もあなたの考えていることに聞き耳を立てていませんから，完全に正直になりましょう。それに，それは大それたことでなくてかまいません。ちょっとしたことでいいのです。大きなことも小さなことも，すべて大切です。これには，必要だと思うだけ時間をかけてください。急いではいけません。

3. 自分の良い面，自分でも楽しんでいる自分の面の多くが，日々の生活において無数の形で他者から与えられたものから生まれているのを思い出すと，自分に感謝しやすくなることもあります。

4. 自分の長所を伸ばすのを助けてくれた人を，誰か思い出せますか？　友人，両親，教師などにいませんか？　それは，前向きの影響を与えてくれた本の著者かもしれません。誰かが心に浮かぶたびに，ちょっとした感謝の気持ちをその人に送りましょう。

5. 自分自身に敬意を示すということは，これまでの生活の中で自分を助けて支えてくれた人たちに敬意を示すことになります。

6. 今この瞬間，自分自身について心から満足している気分をしっかり味わってください。それにどっぷり浸かり，楽しむのです。その気分を充分に沁み込ませるのです。いいですね，誰も見ていませんから。

7. そして，自分に関する何かについて感謝するためだからと言って，ベストである必要も，完璧である必要もないことを，しっかり憶えておきましょう。ちょっとしたことでいいのです。大それたことでなくていいのです。

8. 準備が整ったと思ったら，目を開けてください。

　わたしたちの多くは，自分の長所について考えることは悪いことだ，利己的だなどと教えられてきましたが，時間をかけて自分自身を尊重してやると，しばしば安らぎが増し，心を開いて他者を尊重しようという気持ちが高まります。ですから，自分の真価を認めること_{セルフ・アプリシエーション}自分に多少感謝することは，まったく悪いことではありません。

ティーンの言葉

周りの人が自分のことを好きかどうか，今はもうあんまり気にならなくなった気がします。だって，わたし自身がこの自分を好きだから！

どう思いましたか？

　本章について考えたことをなんでも書いておきましょう。何か，驚いたことはありますか？　感謝するのを習慣にできそうですか？　ここでは，文字を書くだけでなく，絵を描いてもいいことを忘れないでくださいね。

まとめのまとめ

　わたしたちは，自分が暮らしの中の多くのものに感謝していることを，心の奥では知っていますが，自分が何に感謝しているかについて，時間を取って注目することはあまりありません。自分が何に感謝しているのか，時間をかけて注意してみると，これまで体験したことのなかったレベルの満足感と安らぎを体験し，しつこい自己批判の声はしばらくの間沈黙します。好ましく思う自分自身の長所に，時間をかけて心から感謝することで，自分が完璧ではないことを認め，「完璧でなくても」まったく問題ないとわかって，ありのままの自分で大丈夫になります。完全に不完全な存在として，まったくありのままの今の自分を受け入れられるようになります。今のこの瞬間だけでも，そうしましょう。そして，次の瞬間も……その次の瞬間も……。

監訳者あとがき

　臨床心理学を専門とする心理学者として，そしてカウンセラーとして，本書の監訳にかかわれたことをとてもうれしく思います。自分も中高生のころ，気持ちが落ち着かないことがよくあったと思います。おそらく，自分ではそれに気づくことすら出来なかったでしょう。また，感情については知らないことばかりで，怖がることも，悲しむことも，ただ恥ずかしい，としか思えなかったでしょう。そんなころに，こんな本があったら良かったと心から感じます。ティーンは，強い怒り，失望，恥，孤独，などいろいろな感情を強く体験しますが，それについて話して考える機会はなかなかありません。そんななかで自分に起こってくる強い感情をどうやって扱っていけば良いのか，悩むことも多くあります。そのようなティーンの感情について理解して，それをうまく扱うための手がかりを教えてくれるのが本書です。

　本書は，ティーンのためのセルフコンパッションの手引きです。セルフコンパッションという言葉はあまり聞き慣れないかもしれません。セルフコンパッションは，自分に向けられた思いやりです。失敗したときに，自分を厳しく責めたりするのではなく，「誰にでもあること」とあたたかくそれを受けとめること，そしてそんな失敗をして傷ついた自分に優しさを感じて，いたわること，自分を責める気持ちに圧倒されるのではなく，それを和らげることなどと関係しています。書の詩人と言われる相田みつおの素朴で親しみやすく，あたたかな言葉は多くの人から愛されています。彼の詩にはそのやわらかで力強い書体にも，言葉にも，セルフコンパッションが満ちています。「つまずいたっていいじゃないか，人間だもの」というのがありますが，まさにセルフコンパッションの言葉と言えます。
　北アメリカやイギリスの研究者が，20年くらい前から研究を重ねて，セルフコンパッションは，うつ，不安をはじめとしたさまざまな心理的問題の予防，そして解毒剤にもなることが分かっています。苦しいときに，その苦しさを和らげて，自分を失わずに，苦しさが過ぎていくのを待てること，日々のちょっとしたうまくいかないことに苛立ちを覚えたり，いちいち落胆しないでいられること，さまざまな場面でセルフコンパッションは，人の心の健康と成長を支える重要な役割を担っています。
　多くの人たちは，自信がない，自信をもちたい，と願い，成功体験を増やしてポジティ

ブな自分が描けることを目指します。成功を求めて努力すること，高い目標をもって，理想の自分を追求することも重要でしょう。そして，逆境や困難に出くわしたときに，折れない心，それはレジリエンスと呼ばれていますが，そのような力をもつことも大切です。しかし，すべての失敗に強く立ち向かっていく必要があるわけでもありません。また，「折れないこころ」はもちたくても，それを他者から期待されることで余計に苦しくなることもあるでしょう。傷ついたことをしっかりと認めて，自分をいたわること，態勢を整える時間をとってはじめて，それを乗り越えて前に進んでいくような力が湧き起こることをセルフコンパッションは教えてくれます。

　最近では，SNSが若者にとって，身近なメディアになりました。どこにいても仲間とつながれたり，世界の人たちの様子を知ることが出来るのはとても大きな魅力です。ただ，インスタグラムの写真は，とても楽しい様子や，最高のおしゃれをした写真ばかりです。自分がもっていないものや，手の届かない楽しさなどを思い知らされることにもなります。そんなかっこよくて，楽しそうな世界をもっている同年代の人たちにふれてあこがれを感じたり，嫉妬を感じたり，等身大の自分がみすぼらしくみじめに感じることもあるでしょう。それらの姿が作り物で，巧妙に作られた広告の一部であったり，一瞬を切り取っていると頭では分かっていても，今の自分に何かが欠けているような気持ちにさせられるかもしれません。そのようななかで，等身大の自分に肯定的になれるためにもセルフコンパッションはとても重要でしょう。

　日本では，がんばること，努力すること，が美徳とされています。確かに目標に向けて，努力を続けることはそれ自体とても素晴らしいことです。そして，努力によって目標を達成できれば，自信にもなり，もっと努力しようと思えるでしょう。しかし，現実では，努力すればかならず成功するわけはありません。時に壁にぶち当たり，さまざまなアクシデントも起こるかもしれません。そんななかでも，セルフコンパッションはとても役に立ちます。ただ自分に鞭を打って強くなれ，我慢しろ，というのではなく，時に疲れた身体と心を優しさという栄養で満たして，回復させるのです。セルフコンパッションは，自分のペースで長く努力を続けることを応援してくれるでしょう。最終的に，くじけず，長く粘り強く努力出来るようになっていけるはずです。

　本書は，ティーンである中学生，高校生だけでなく，大学生や大人にも役立つ一冊となりそうです。また，中学生や高校生を対象とする援助職の方にもとても有用な情報が多く掲載されています。本書の付録として使えるインターネット上の音声などは，英語であるため，内容がうまく理解できない部分もあるかもしれません。ただ，声の調子からもセルフコンパッションがどんな優しさの感触なのか感じ取ってもらえるはずです。ここに出ている方法をアレンジしてその状況に合ったセルフコンパッションのエクササイズを作っていけるととても役立つでしょう。

　最後に翻訳者の浅田仁子さんに感謝を申し上げます。脳の機能から若者言葉まで的確に訳出してくださいました。本書は，ティーンと対話をしているような口調で執筆されてい

ますが，それを日本語で再現し，しかも英語圏の雰囲気も残してくださいました。また，本企画を進めてくださった金剛出版編集部の中村奈々さんにもお礼を申し上げます。実証的知見と臨床的経験に支えられた自助本は，専門的な知識を広く役立てるためにとても意義のある存在です。特に本書のようにティーンを対象としたものは貴重です。多くの若者に本書を手にしてもらえることを願っております。

2022 年 2 月　　岩壁　茂

監訳者紹介

岩壁 茂（いわかべ しげる）

早稲田大学政治経済学部卒。McGill 大学大学院カウンセリング心理学専攻博士課程修了（Ph.D.）。札幌学院大学人文学部助教授を経て，お茶の水女子大学・基幹研究院・教授（2022 年 4 月から立命館大学）。研究領域は，「人はどのように変わるのか」というテーマをもとに，感情に焦点を当てた心理療法のプロセスと効果研究を行っている。臨床家の訓練と成長，心理療法統合などのテーマにも関心をもつ。

著書・訳書：『プロセス研究の方法』（2008，新曜社，単著），『心理療法・失敗例の臨床研究—その予防と治療関係の立て直し方』（2007，金剛出版，単著），『カウンセリングテクニック入門—プロカウンセラーの技法 30』（2018，金剛出版，編著），『新世紀うつ病治療・支援論—うつに対する統合的アプローチ』（2011，金剛出版，共編著），『私をギュッと抱きしめて—愛を取り戻す七つの会話』（2014，金剛出版，監訳），『カップルのための感情焦点化療法—感情の力で二人の関係を育むワークブック』（2021，金剛出版，監訳），『変容する臨床家—現代アメリカを代表するセラピスト 16 人が語る心理療法統合へのアプローチ』（2013，福村出版，共監訳）など。

訳者紹介

浅田仁子（あさだ・きみこ）

お茶の水女子大学文教育学部文学部英文科卒。社団法人日本海運集会所勤務，BABEL UNIVERSITY 講師を経て，英日・仏日の翻訳家に。

訳書：『サーノ博士のヒーリング・バックペイン』（1999，春秋社，共訳），『RESOLVE』（2003，春秋社，共訳），『ミルトン・エリクソンの催眠テクニックⅠ・Ⅱ』（2012，春秋社，訳），『ミルトン・エリクソン心理療法』（2014，春秋社，訳），『人はいかにして蘇るようになったのか』（2015，春秋社，訳），『パクス・ガイアへの道』（2010，日本教文社，訳），『山刀に切り裂かれて』（2007，アスコム，訳），『幸せになれる脳をつくる』（2015，実務教育出版，訳），『マインドフル・ゲーム』（2019，金剛出版，共訳），『お母さんのためのアルコール依存症回復ガイドブック』（2019，金剛出版，共訳），『強迫性障害の認知行動療法』（2019，金剛出版，共監訳），『セルフ・コンパッション［新訳版］—有効性が実証された自分に優しくする力』（2021，金剛出版，訳）など。

ティーンのための
セルフ・コンパッション・ワークブック

マインドフルネスと思いやりで，ありのままの自分を受け入れる

2022 年 4 月 5 日　印刷
2022 年 4 月 15 日　発行

著　者　カレン・ブルース

監訳者　岩壁　茂

訳　者　浅田仁子

発行者　立石正信

装丁　臼井新太郎

印刷・製本　音羽印刷

発行所　株式会社 金剛出版

〒 112-0005　東京都文京区水道 1-5-16

電話 03-3815-6661　振替 00120-6-34848

ISBN978-4-7724-1888-1　C3011　　　　　　　　　　　　　Printed in Japan ©2022

好評既刊

Ψ金剛出版　〒112-0005　東京都文京区水道1-5-16　Tel. 03-3815-6661　Fax. 03-3818-6848
e-mail eigyo@kongoshuppan.co.jp　URL https://www.kongoshuppan.co.jp/

セルフ・コンパッション 新訳版
有効性が実証された自分に優しくする力

[著] クリスティン・ネフ
[監訳] 石村郁夫　樫村正美　岸本早苗　[訳] 浅田仁子

セルフ・コンパッションの原典を新訳！　セルフ・コンパッション（自分へ
の思いやり）について，実証研究の先駆者であるK・ネフが，自身の体験や
学術的な知見をもとにわかりやすく解説。随所に設けられたエクササイズに
取り組みながらページをめくれば，自然とセルフ・コンパッションを身につ
けることができる。めまぐるしく変わる社会情勢やさまざまなストレスにさ
らされる「疲れたあなた」を労わるバイブルが新訳新装版で登場。

定価3,740円

カップルのための感情焦点化療法
感情の力で二人の関係を育むワークブック

[著] ベロニカ・カロス゠リリー　ジェニファー・フィッツジェラルド
[監訳] 岩壁茂　[訳] 柳沢圭子

本書では，読み進めながら33のワークをこなすことにより，個人の感情と
パートナー同士のやりとりに焦点を合わせ，パートナーとの絆をよりよいも
のにするための方法を提示する。具体的には，まず①関係にまつわる欲求が
満たされない時に双方でどういう反応が起こるのかを知る，②双方の感情を
理解する，③双方の感情，欲求，希望，願望について語り合う，このプロセ
スを踏むことで二人の信頼を深めていく。パートナー間で有意義な会話を重
ねることによりお互いを尊重することが可能となるだろう。　定価4,180円

コンパッション・マインド・ワークブック
あるがままの自分になるためのガイドブック

[著] クリス・アイロン　エレイン・バーモント
[訳] 石村郁夫　山藤奈穂子

人生で何度も出くわす苦しくつらい局面をうまく乗り越えていけるように，
自分と他者へのコンパッションを育てる方法について書かれたもので，コン
パッション訓練の8つのセクションから構成されている。コンパッションが
必要な理由，コンパッションの心を育てるときに大切な3つの「流れ」，注
意と意識のスキル，「コンパッションに満ちた自己」のエクササイズ，コン
パッションの力の強化，コンパッション・マインドの表現，生活のなかでの
スキルの活用，コンパッションの維持を学ぶことができる。　定価3,960円

価格は10%税込です。

好評既刊

Ψ金剛出版　〒112-0005　東京都文京区水道1-5-16　Tel. 03-3815-6661　Fax. 03-3818-6848
e-mail eigyo@kongoshuppan.co.jp　　URL https://www.kongoshuppan.co.jp/

自尊心を育てるワークブック 第二版
あなたを助けるための簡潔で効果的なプログラム

[著] グレン・R・シラルディ
[監訳] 高山 巖　[訳] 柳沢圭子

「自尊心（自尊感情）」は，ストレスや疾患の症状を緩和するばかりでなく，人が成長するための本質的な基盤となるものである。本書は，健全で現実的な，かつ全般的に安定した「自尊心」を確立できるよう，確固たる原理に基づいた段階的手順を紹介した最良の自習書となっている。今回大幅な改訂により新たに六つの章が加えられ，効果的概念〈セルフコンパッション；自己への思いやり〉ストレスと加齢，無条件の愛，マインドフルネスの気づき，意識の練習についても詳述されている。　　　　　　　定価3,520円

トラウマへのセルフ・コンパッション

[著] デボラ・リー　ソフィー・ジェームス
[訳] 石村郁夫　野村俊明

本書は，トラウマ（PTSD）の治療に有効だといわれるコンパッション・フォーカスト・セラピー（Compassion Focused Therapy；CFT）と呼ばれる心理療法を基礎としている。CFTは自分自身に手を差し伸べ，支援し，励ますことを教え，私たちを実際に癒すことができる。トラウマを抱えた人々と20年にわたり接してきた著者が，多くの事例とエクササイズを通して，過去のトラウマ体験やトラウマを克服し，望ましい人生と相応しい人生を手に入れるための実践的な方法を紹介する。　　　　　　　定価3,960円

青少年のための自尊心ワークブック
自信を高めて自分の目標を達成する

[著] リサ・M・シャープ
[訳] 高橋祥友

ティーンエイジャー（青少年）が自尊心を育み，自己洞察を深めるための明解な40の対処法（スキル）を示す。読者は，ワークブック形式の本書を読み進めることで，健康な自尊心に関する結果指向の練習を進めることができる。こころの危機にある若者が，これからの人生を送るための重要かつ必要なスキルを身に付けるための懇切丁寧なセルフガイドブックであり，実際の臨床場面や学校現場ですぐに活用可能である。　　　　　　　定価3,080円

価格は10%税込です。

好評既刊

Ψ金剛出版　〒112-0005　東京都文京区水道1-5-16　Tel. 03-3815-6661　Fax. 03-3818-6848
e-mail eigyo@kongoshuppan.co.jp　URL https://www.kongoshuppan.co.jp/

カウンセリングテクニック入門
プロカウンセラーの技法30
［編］岩壁 茂

聴く＝傾聴，観る＝観察，見立てる＝アセスメントなどカウンセリングの基礎となる6つのベーシックモード，臨床の正否を分かつ戦略的な24のコアテクニックで，実践に使えるカウンセリングテクニックを身につけよう！　選択基準は，学派・理論の別を問わず臨床領域において求められるスタンダードスキルであること。1つのテクニックを巡っては，①「テクニックの概要」，②「テクニックの解説」③「ケーススタディ」という3ステップでテンポよく解説する。初学者にもわかりやすい解説を試みた，実践本位・公認心理師時代のためのプロフェッショナル・ガイド！　　　定価3,080円

エモーション・フォーカスト・セラピー入門
［著］レスリー・S・グリーンバーグ
［監訳］岩壁 茂　伊藤正哉　細越寛樹

感情は敵か？　味方か？　荒ぶる怒りの感情や震える恥の感情は，心や体を傷つける危機ではなく，かつてない自分に変容する好機である。感情は「自己の内なる他者」であり，自己を破壊するものにも構成するものにもなりうる。エモーション・フォーカスト・セラピーは，神経科学や基礎心理学の最新知見，「空の椅子の対話」「二つの椅子の対話」という技法によって，この感情という未知の領域を踏み分け，感情調整を試みる。　　　定価4,180円

コーピングのやさしい教科書
［著］伊藤絵美

一生使える・スラスラわかるストレスと対処法の楽しい教科書！　ふつうに生活していてもストレスは避けられません。ストレスをためて心と体の不調にはまりこむまえに，ストレスへの意図的な対処＝コーピングのレパートリーを増やして自分を助けてください。ストレスのしくみを知って要点を身につければ，コーピングはもっと効果的に，もっと楽しい習慣になります。ストレスとコーピングのメカニズムから「最強のコーピング」マインドフルネス，ストレス反応に深くかかわる「スキーマ」まで，ストレス心理学と心理療法のポイントをやさしく解説したこの教科書を，ひとりで・みんなで使って使って使い倒してください。　　　定価2,420円

価格は10%税込です。